中国社会科学院国情调研特大项目"精准扶贫精准脱贫百村调研"

精准扶贫精准脱贫百村调研丛书

CASE STUDIES OF TARGETED POVERTY REDUCTION AND
ALLEVIATION IN 100 VILLAGES

李培林／主编

精准扶贫精准脱贫
百村调研·店子村卷

乌蒙山区贫困村的企业扶贫案例

杜 鑫 李 蓝 王昌海／著

社会科学文献出版社
SOCIAL SCIENCES ACADEMIC PRESS (CHINA)

中国社会科学院国情调研特大项目
"精准扶贫精准脱贫百村调研"
项目协调办公室

主　任：王子豪
成　员：檀学文　刁鹏飞　闫　珺　田　甜　曲海燕

总　序

　　调查研究是党的优良传统和作风。在党中央领导下，中国社会科学院一贯秉持理论联系实际的学风，并具有开展国情调研的深厚传统。1988年，中国社会科学院与全国社会科学界一起开展了百县市经济社会调查，并被列为"七五"和"八五"国家哲学社会科学重点课题，出版了《中国国情丛书——百县市经济社会调查》。1998年，国情调研视野从中观走向微观，由国家社科基金批准百村经济社会调查"九五"重点项目，出版了《中国国情丛书——百村经济社会调查》。2006年，中国社会科学院全面启动国情调研工作，先后组织实施了1000余项国情调研项目，与地方合作设立院级国情调研基地12个、所级国情调研基地59个。国情调研很好地践行了理论联系实际、实践是检验真理的唯一标准的马克思主义认识论和学风，为发挥中国社会科学院思想库和智囊团作用做出了重要贡献。

　　党的十八大以来，在全面建成小康社会目标指引下，中央提出了到2020年实现我国现行标准下农村贫困人口脱贫、贫困县全部"摘帽"、解决区域性整体贫困的脱贫攻坚目标。中国的减贫成就举世瞩目，如此宏大的脱贫目标世所罕见。到 2020 年实现全面精准脱贫是党的十九大提出的三大攻坚战之一，是重大的社会目标和政治任务，中国的贫困地区在此期间也将发生翻天覆地的变化，而变化的过程注定不会一帆风顺或云淡风轻。记录这个伟大的过程，总结解决这个世界性难题的经验，为完成这个攻坚战献计献策，是社会科学工作者应有的责任担当。

2016 年，中国社会科学院根据中央做出的"打赢脱贫攻坚战"战略部署，决定设立"精准扶贫精准脱贫百村调研"国情调研特大项目，集中优势人力、物力，以精准扶贫为主题，集中两年时间，开展贫困村百村调研。"精准扶贫精准脱贫百村调研"是中国社会科学院国情调研重大工程，有统一的样本村选择标准和广泛的地域分布，有明确的调研目标和统一的调研进度安排。调研的 104 个样本村，西部、中部和东部地区的比例分别为 57%、27% 和 16%，对民族地区、边境地区、片区、深度贫困地区都有专门的考虑，有望对全国贫困村有基本的代表性，对当前中国农村贫困状况和减贫、发展状况有一个横断面式的全景展示。

在以习近平同志为核心的党中央坚强领导下，党的十八大以来的中国特色社会主义实践引导中国进入中国特色社会主义新时代，我国经济社会格局正在发生深刻变化，脱贫攻坚行动顺利推进，每年实现贫困人口脱贫 1000 多万人，贫困人口从 2012 年的 9899 万人减少到 2017 年的 3046 万人，在较短时间内实现了贫困村面貌的巨大改观。中国社会科学院组建了一百支调研团队，动员了不少于 500 名科研人员的调研队伍，付出了不少于 3000 个工作日，用脚步、笔尖和镜头记录了百余个贫困村在近年来发生的巨大变化。

根据规划，每个贫困村子课题组不仅要为总课题组提供数据，还要撰写和出版村庄调研报告，这就是呈现在读者面前的"精准扶贫精准脱贫百村调研丛书"。为了达到了解国情的基本目的，总课题组拟定了调研提纲和问卷，要求各村调研都要执行基本的"规定动作"和因村而异的"自选动作"，了解和写出每个村的特色，写出脱贫路上的风采以及荆棘！对每部报告我们都组织了专家评审，由作者根据修改意见进行修改，直到达到出版要求。我们希望，这套丛书的出版能为脱贫攻坚大业写下浓重的一笔。

中共十九大的胜利召开，确立习近平新时代中国特色社会主义思想作为各项工作的指导思想，宣告中国特色社会主义进入新时代，中央做出了社会主要矛盾转化的重大判断。从现在起到 2020 年，既是全面建成小康社会的决胜期，也是迈向第二个百年奋斗目标的历史交会期。在此期间，国家强调坚决打好防范化解重大风险、精准脱贫、污染防治三大攻坚战。2018 年春节前夕，习近平总书记到深度贫困的四川凉山地区考察，就打好精准脱贫攻坚战提出八条要求，并通过脱贫攻坚三年行动计划加以推进。与此同时，为应对我国乡村发展不平衡不充分尤其突出的问题，国家适时启动了乡村振兴战略，要求到 2020 年乡村振兴取得重要进展，做好实施乡村振兴战略与打好精准脱贫攻坚战的有机衔接。通过调研，我们也发现，很多地方已经在实际工作中将脱贫攻坚与美丽乡村建设、城乡发展一体化结合在一起开展。可以预见，贫困地区的脱贫攻坚将不再只局限于贫困户脱贫，我们有充分的信心从贫困村发展看到乡村振兴的曙光和未来。

是为序！

李培林

全国人民代表大会社会建设委员会副主任委员

中国社会科学院副院长、学部委员

2018 年 10 月

前　言

　　为及时了解和展示我国当前处于脱贫攻坚战最前沿的贫困村的贫困状况、脱贫动态和社会经济发展趋势，从村庄脱贫实践中总结我国当前精准扶贫和精准脱贫的经验教训，为进一步推进精准脱贫事业提供经验和政策借鉴，2016 年秋，中国社会科学院组织实施了精准扶贫精准脱贫百村调研（简称"扶贫百村调研"）国情调研特大项目。"扶贫百村调研"国情调研特大项目对全国范围内具有代表性的 104 个贫困村开展村庄国情调研，以其中一个贫困村为对象的精准扶贫精准脱贫调研即为"扶贫百村调研"国情调研特大项目的一个子课题。

　　2016 年 11 月 30 日，中国社会科学院国情调研特大项目"精准扶贫精准脱贫百村调研——贵州省大方县凤山乡店子村"子课题获得立项批准。2017 年 3 月 25 日至 4 月 4 日，"精准扶贫精准脱贫百村调研——贵州省大方县凤山乡店子村"子课题组（以下简称课题组）在贵州省大方县及凤山乡店子村开展了扶贫工作调研。在调研的前期阶段，课题组与大方县委县政府及县扶贫办等政府部门、恒大集团派驻大方县扶贫工作队开展了扶贫工作座谈会，并参观了大方县具有代表性的扶贫项目，从而获得对大方县经济社会发展状况及精准扶贫精准脱贫工作的整体认识和了解。在调研的中后期阶段，课题组赴大方县凤山乡店子村开展农村基层调研，与村干部、农民群众就脱贫工作促膝交谈，同时填写了157份农户调查问卷、1份行政村调查问卷，获得了较为详尽的基层生产生活与扶贫工作资料。

在调研工作结束之后，课题组成员开展了调研工作资料整理、调查数据清理分析的工作，据此开始了调研报告的撰写工作。在此过程中，课题组还就大方县精准扶贫精准脱贫工作的若干细节与大方县扶贫办进行了沟通。需要指出的是，由于调研不够充分，课题组对基层扶贫工作的掌握和理解依然存在不完整、不准确之处，加之课题报告撰写人自身水平所限，该调研报告尚不足以全面准确地反映贵州省大方县及店子村精准扶贫精准脱贫工作所取得的成就及存在的问题，希望各位专家学者、相关部门和单位提出批评指正。

目　录

第一章

大方县情概况

第一节　自然地理概况

　　大方县位于贵州省西北部，毕节市中部，乌江支流六冲河北岸，大娄山西端，地处黔西北高原（云贵高原）向黔中山原丘陵过渡斜坡地带，属中山地貌类型，县境大部分海拔在 1400~1900 米之间。地势中部和东北高，河流向北和向南流。境内山峦重叠、切割较深、沟壑纵横、地貌破碎，地形多样，山地、坡地、丘陵、洼地、盆地（小坝子）、河谷交错分布。由于碳酸盐岩溶分布较广，岩溶地貌发育演化复杂，喀斯特地形地貌明显，形成了形态类型特殊的岩溶生态环境。

　　大方县土地总面积 3505.21 平方公里，以山地、坡地、丘陵为主，洼地和盆地（小坝子）较少。2016年，全县耕地面积122907.50公顷，占全县土地总面积的35.06%。其中，水田面积4732.91公顷、旱地118174.59公顷。

大方县地处低纬度高海拔地区，属亚热带湿润季风气候，气候温和，雨量充沛，雨热同期，具有冬无严寒、夏无酷暑、夏短冬长、春秋相近、雨雾日多及"十里不同天"的立体气候特点。2016年平均气温13.0℃，较常年偏高0.9℃，最高气温31.2℃，最低气温零下8.1℃；年总降水量为1173.6毫米，与历史同期相比偏多88.2毫米；年总日照时数为1321.7小时，与历年相比偏多119.2小时；初霜日为12月17日，终霜日为2017年3月18日，全年无霜期天数为253天，凝冻天数18天；雾日为153天，轻雾日为164天。农作物以粮食作物和经济作物为主，粮食作物有水稻、玉米、小麦、大豆、芸豆、马铃薯、甘薯、杂豆、高粱等，经济作物以烤烟、土烟、辣椒为主要品种，经济林木主要有漆树、油桐、油茶、棕榈、山苍子、盐肤木、花椒、栓皮栎、桑树、乌桕、构树、茶树等。野生植物资源品种繁多，多呈灌木丛生，著名的贵州省黔西北"百里杜鹃"花区就有杜鹃花23种。药用植物种类繁多，主要有天麻、杜仲、黄芪、党参、首乌、厚朴、杏仁、半夏、茯苓、黄连、牛膝等450多种"地道药材"，闻名省内外，尤以野生天麻的天麻素含量居全国之首，天麻、杜仲、半夏等远销国外。

大方县境内土壤属中亚热带常绿阔叶林黄壤带，由于地形复杂，土壤地域差异较大，肥力水平悬殊。土壤熟化度低，山地土壤土层浅薄，涵养水肥能力低，地表径流大，水土流失严重，土壤垂直分布较明显。土壤呈深浅不同的黄色，表层暗黄色，心土层蜡黄色，质地黏重，矿物质养分含量低、缺磷。

2016年末，全县辖31个乡（镇、街道），具体包括红旗街道、顺德街道、慕俄格古城街道等3个街道，猫场镇、马场镇、羊场镇、黄泥塘镇、对江镇、六龙镇、达溪镇、瓢井镇、长石镇等9个镇，东关乡、鼎新彝族苗族乡、绿塘乡、牛场苗族彝族乡、小屯乡、理化苗族彝族乡、安乐彝族仡佬族乡、核桃彝族白族乡、兴隆苗族乡、八堡彝族苗族乡、果瓦乡、凤山彝族蒙古族乡、大山苗族彝族乡、星宿苗族彝族仡佬族乡、百纳彝族乡、三元彝族苗族白族乡、沙厂彝族乡、黄泥彝族苗族满族乡、雨冲乡等19个乡。大方县境内居住着汉、彝、苗、白等24个民族，总人口122.3万人，其中少数民族约占33%。县城距毕节市政府所在地46公里，距省城贵阳129公里，属于近海内陆山区县。

第二节 经济社会发展概况

大方县属于《中国农村扶贫开发纲要（2011~2020年）》所确定的乌蒙山区连片特困地区，是国务院扶贫开发领导小组办公室确定的592个国家扶贫开发工作重点县之一。

由于经济基础薄弱，基础设施落后，地理交通不便，产业发展缓慢，其经济社会发展水平在全国属于较为落后的地区。

一 经济增长

图 1-1 反映了 2012~2016 年大方县地区生产总值的增长情况。2012 年，大方县地区生产总值为 101.29 亿元，到 2016 年增长到 174.83 亿元。图 1-2 为 2012~2016 年大方县与贵州省及全国生产总值的年增长率变化趋势。从图 1-2 可以看出，2012~2016 年间，受整体经济发展环境不佳的影响，大方县与贵州省及全国的生产总值年增长率一直处于下降趋势；但是，大方县地区生产总值年增长率一直处于两位数水平，在 13.1%~17% 之间，高于贵州省的 10.5%~13.6%，更高于全国 6.7%~7.9% 的水平。

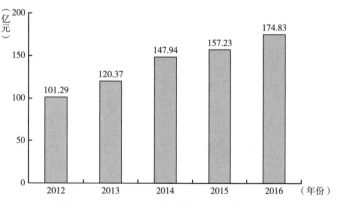

图 1-1　2012~2016 年大方县地区生产总值

资料来源：大方县人民政府门户网站（http://www.gzdafang.gov.cn/）；《大方年鉴》（2013~2017）。

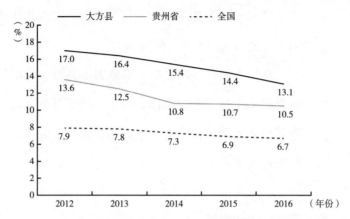

图1-2　2012~2016年大方县、贵州省与全国生产总值年增长率

资料来源：大方县人民政府门户网站（http://www.gzdafang.gov.cn/）；《贵州统计年鉴》（2013~2016）；《中国统计年鉴》（2013~2016）；《2016年贵州省国民经济与社会发展统计公报》；《中华人民共和国2016年国民经济和社会发展统计公报》。

为了将大方县与贵州省及全国的经济发展水平进行比较，图1-3为大方县与贵州省、全国的人均生产总值情况。从图1-3可以看出，大方县人均生产总值不仅低于全省水平，更是低于全国平均水平。到2016年，大方县人

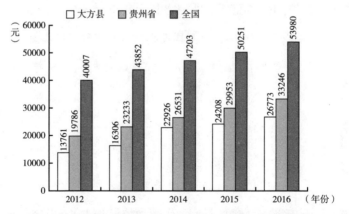

图1-3　2012~2016年大方县、贵州省与全国人均生产总值

资料来源：大方县人民政府门户网站（http://www.gzdafang.gov.cn/）；《贵州统计年鉴》（2013~2016）；《中国统计年鉴》（2013~2016）；《2016年贵州省国民经济与社会发展统计公报》；《中华人民共和国2016年国民经济和社会发展统计公报》。

均生产总值仅为 26773 元，相当于贵州省人均生产总值的 81%，全国人均生产总值的 50%。

从以上情况可以看出，虽然大方县近年来的经济增长速度要高于贵州省及全国，但由于经济基础薄弱，其经济发展依然处于较低的水平，赶超全省乃至全国经济发展水平的任务非常艰巨。

二 工农业发展

2016 年，大方县实现工业增加值 51.59 亿元，同比增长 13.7%；其中规模以上工业增加值 38.16 亿元，同比增长 15.3%。全年实现规模以上工业销售产值 109.36 亿元，比上年增长 21.2%；工业产品销售率 100.09%，比上年增长 1.19 个百分点。全年生产原煤、水泥分别达 617.6 万吨、134 万吨，同比分别下降 5% 和增长 38.9%；大方电厂发电 46.35 亿千瓦小时，比上年下降 8%。

2016 年，大方县农业总体上实现了稳步发展，全年实现农业增加值 32.4 亿元，同比增长 5.8%。全年实现农林牧渔业总产值 53.08 亿元，同比增长 10.9%。其中，种植业实现产值 33.49 亿元，同比增长 8.7%；林业产值 2.11 亿元，同比增长 38.7%；牧业产值 14.90 亿元，同比增长 11.9%；渔业产值 3124 万元，同比增长 19.4%；服务业产值 2.27 亿元，同比增长 15.7%。粮食作物种植面积 175.9 万亩，比上年增长 1.6%。全年粮食产量 21.92 万吨，比上年增长 1.3%。其中，夏粮产量 9.26 万吨，同比下降 1.9%；秋粮产量 12.66 万吨，

同比增长 3.8%。全年肉类总产量 3.35 万吨，比上年下降
4.6%。其中，猪肉产量 2.71 万吨，同比下降 8.1 %；牛肉产
量 0.25 万吨，同比增长 19%；羊肉产量 0.04 万吨，同比增
长 33.3%。全县禽蛋产量 0.33 万吨，比上年下降 50%。2016
年末生猪出栏 30.08 万头，比上年末下降 7.7%。全年种植烤
烟 7.37 万亩，收购烟叶 18.16 万担，实现烟叶税收 5023.97
万元。2016 年，全县完成 4 个试点乡镇的土地确权工作，同
时启动了剩余 27 个乡镇的土地确权工作。

三　城乡居民收入

近年来，伴随着较快的经济增长，大方县城乡居民收
入水平得到了较快的提高。图 1-4 为 2012~2016 年大方

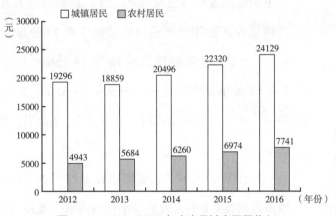

图 1-4　2012~2016 年大方县城乡居民收入

资料来源：《大方县 2012 年国民经济与社会发展统计公报》《大方县 2013 年国民
经济与社会发展统计公报》《大方县 2014 年国民经济与社会发展统计公报》《大方县
2015 年国民经济与社会发展统计公报》《大方县 2016 年国民经济与社会发展统计公报》，
大方县人民政府门户网站（http://www.gzdafang.gov.cn/ ）。

注：城镇居民收入是可支配收入；2013 年及以前，农村居民收入是纯收入，2013
年之后是可支配收入。

县城乡居民收入的增长情况。2012年，大方县城镇居民人均可支配收入和农村居民人均纯收入分别是19296元和4943元；到2016年，大方县城镇居民和农村居民人均可支配收入分别增长到了24129元和7741元，分别是2012年的1.25倍和1.57倍，年均增长率分别为6%和12%。

四　基础设施建设与生态环境保护

2016年，大方县共完成交通基础设施固定资产投资7.3亿元。主要建设内容包括：织毕铁路大方至贵阳"奢香夫人号"列车开通运营，完成火车南站站前广场建设及法启站站前广场建设；东关至清丰高速公路开工建设，大方至纳雍高速公路完成前期工作；杭瑞高速大方收费站改造建成投入使用；建成市政公路7条17公里，即将完工6条8公里，完成前期工作10条18公里；建成旅游公路7条65公里，在建旅游公路9条53公里；全面启动"建养一体化"公路项目建设，建成7条33公里，即将完工4条18公里。

2016年，大方县完成城市建设投资24.11亿元，新增城市建成区0.6平方公里。小城镇建设完成投资9.74亿元，新增达标小城镇"8+X"项目55个，示范小城镇新增城镇人口3309人；县级财政投入示范小城镇专项引导资金5321万元。全县"五在农家·美丽乡村"创建累计投入建设资金4032.95万元，完成35个示范型创建村、33个小康型创建村、10个普及型创建村建设。全县农村安全饮水巩固提升工程共规划12个乡镇15万人，总投资1.17亿元，于2016年开工建设。

2016年末，大方县森林覆盖率达45.99%，累计完成营造林面积24.88万亩，在高速公路、旅游景区、美丽乡村等沿线区域实施5000亩油用牡丹项目建设。全年发展林下种植、林下养殖利用森林面积7.5万亩，实现林下经济产值3.5亿元；投资935万元，治理果宝河小流域岩溶面积42.5公顷，治理石漠化面积17.01公顷；完成国家水土保持重点工程金鸡小流域治理任务，共治理水土流失面积26.15公顷。2016年，大方县环境空气优良天数比例达98.02%，县城集中式饮用水水源和乡镇饮用水水源地水质均达标；建成经济开发区污水处理厂，黄泥塘镇、六龙镇污水处理厂正在进行设备安装调试；六龙镇、黄泥塘镇垃圾收运处置项目正在进行设备安装；赤水河流域乡镇垃圾收运处置项目完成主体工程建设。

五 教科文卫事业

2016年，大方县有各级各类学校392所，其中完全小学182所，教学点90个，初级中学31所，九年一贯制学校4所，普通高中11所（高级中学4所，完全中学7所），幼儿园71所，特殊教育学校1所，中等职业学校1所，工读学校1所；全县在校生16.6万人，其中小学81172人，初中41461人，普通高中20785人，中等职业学校 2032 人，特殊教育学校 168 人，工读学校 35 人，幼儿园 20374 人；在编教职工 8963 人，其中教管中心 130人，幼儿园 695 人，育新学校 8 人，特教学校 31 人，九年制学校 348 人，职业学校 100 人，中学 3380 人（县城中学 1129 人、农村县直中学 737 人、乡镇初级中学 1514人），小学 4271 人（县城小学 379、乡镇小学 935、村级小学 2957 人）。2016 年，全县小学适龄儿童入学率为99.72%，比 2015 年提高 0.01 个百分点；初中适龄少年入学率为 87.67%，比 2015 年提高 0.25 个百分点；高中阶段毛入学率 90%；小学辍学率为 0.33%，比 2015 年降低 0.02个百分点，初中辍学率为 1.22%，比 2015 年降低 0.01 个百分点；九年义务教育巩固率为 90.8%，比 2015 年提高0.3 个百分点；全面完成了城区义务教育"就近入学、免试招生"改革；新建 12 个标准化"留守儿童之家"；农村学校小学寄宿率 30.9%，初中寄宿率 73.87%；"三残"儿童少年入学率达 90.1%。

2016 年，全县共有各级各类注册医疗卫生机构 565个，其中医院 40 个（公立医院 2 个、社会办医院 38 个），基层医疗卫生机构 520 个（其中乡镇卫生院、社区卫生服务中心 32 个，村卫生室 441 个，个体诊所 42 个，门诊部 2 个，医务室 3 个），专业公共卫生机构 5 个；编制床位 4145 张，实际开放床位 3867 张（其中公立医院1081 张，社会办医院 1780 张，基层医疗卫生机构 942 张，专业公共卫生机构 64 张），每千人口拥有医疗卫生机构床位 3.16 张。全县共有各级各类卫生技术人员 4295 人，其中公立医疗卫生机构 2321 人，社会办医院 1270 人，村级卫生人员 610 人，其他机构 94 人。截至 2016 年底，大方县初步实现了医疗卫生"五个全覆盖"，即基层卫生院标准化建设全覆盖、县级公立医院远程医疗全覆盖、城乡居民大病保险全覆盖、乡镇卫生院（社区卫生服务中心）执业医师全覆盖、乡村校医全覆盖。2016 年，城乡居民医保筹资 3.91 亿元，参保人数 76.68 万人，参保率达 100%；支出城乡居民医保资金 2.95 亿元，受益群众 70.9 万人次，大病医疗保险累计报销 1239.76 万元，受益群众 2726 人次。

六　就业与社会保障

2016 年，大方县实现城镇新增就业 8329 人，失业人员再就业 1992 人，就业困难人员实现就业 1563 人；转移农村劳动力 2.53 万人；完成各类人员就业技能培训 1.15 万人。全县城乡居民基本养老保险参保总人数 34.96 万人，城镇职工基本养老保险参保 3.61 万人。城乡居民医保筹资 3.91 亿元，参保人数 76.68 万人，参保率达 100%；支出城乡居民医保资金 2.95 亿元，受益群众 70.9 万人次，大病医疗保险累计报销 1239.76 万元，受益群众 2726 人次。2016 年，全县共计发放农村低保金 76.35 万人次、1.22 亿元，发放城市低保金 4 万人次、975.71 万元，发放五保供养金 1.12 万人次、549.78 万元，发放医疗救助资金 4524 人次、1882.31 万元，发放各类优抚资金 2670.49 万元，发放孤儿生活保障补助资金 5470 人次、328.2 万元，发放困境儿童生活补助资金 2.27 万人次、909 万元，发放高龄补贴 4.49 万人次、712.49 万元。全县建成保障性住房 1858套，分配 1858 套。

第二章

大方县农村贫困状况与扶贫工作

第一节　农村贫困状况

一　农村贫困人口规模

　　大方县作为一个经济发展较为落后、交通不便、地理偏僻的国家扶贫开发工作重点县，其贫困人口规模较大，扶贫工作较为艰巨。图 2-1 反映了 2012~2016 年大方县农村贫困人口数量的变化趋势。从图中可以看出，2012 年，大方县农村贫困人口有 34.23 万人，2013 年降低为 26.17 万人，2016 年进一步降低到 13.81 万人。2012~2016 年，大方县共计减少贫困人口 20.42 万人，平均每年减少 5 万人左右，减贫工作取得了显著成就。

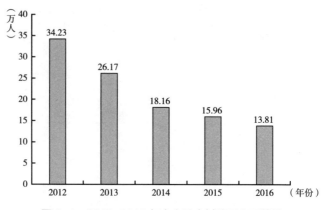

图2-1　2012~2016年大方县农村贫困人口数量

资料来源:《大方年鉴》(2013~2017);《大方县国民经济和社会发展第十三个五年规划纲要》。

图2-2反映了2012~2016年间大方县贫困发生率的变化趋势及其与贵州省、全国的对比情况。从图中可以看出,大方县贫困发生率已从2012年的43.4%降低到2016年的17.5%,共降低了大约26个百分点,平均每年降低7个百分点。从大方县与贵州省及全国贫困发生率的比较来看,大方县的贫困发生率一直高于贵州省及全国的水平。截至2016年,大方县贫困发生率依然高达17.5%,这一水平远高于贵州省11.6%的水平,更是全国水平4.5%的将近4倍。

从图2-1和图2-2可以看出,近年来,大方县按照中央和贵州省关于打赢脱贫攻坚战的战略部署,加快县域经济发展,深入推进扶贫工作,脱贫攻坚取得了显著成绩。但与此同时,大方县依然存在规模较大的贫困人口存量,扶贫任务较为艰巨,完成中央提出的到2020年基本消除贫困、实现全面小康的战略目标还面临着较为严峻的挑战。

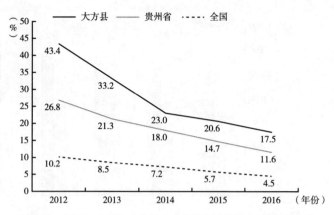

图 2-2　2012~2016 大方县、贵州省与全国农村贫困发生率

资料来源：《大方年鉴》（2013~2017）；《大方县国民经济和社会发展第十三个五年规划纲要》；《2017 中国农村贫困监测报告》。

二　农村居民收入状况

近年来，随着大方县经济的快速发展，大方县农村居民的收入和消费水平也得到了较快提高。图 2-3 和图 2-4 为 2012~2016 年间大方县农村居民可支配收入（或纯收入）的增长情况。从图中可以看出，2012~2016 年，大方县农村居民人均可支配收入（或纯收入）从大约 5000 元增长到 7741 元，虽然年增长率处于下降趋势，但始终保持在两位数的水平。与贵州省及全国相比，大方县农村居民人均可支配收入（或纯收入）的年增长率一直处于较高的水平，但由于大方县农村居民收入基数过低，到 2016 年，其农村居民人均可支配收入 7741 元，略低于贵州省平均水平 8090 元，远低于全国平均水平 12363 元，仅相当于全国农村居民人均可支配收入的 60% 左右。加快农村经济发展，提高农民收入，仍然是大方县打赢脱贫攻坚战、建成全面小康社会所面临的主要任务。

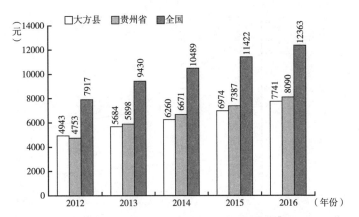

图 2-3 2012~2016 年大方县、贵州省与全国农村居民人均收入

注：大方县 2013 年及以前农村居民收入是纯收入，2013 年之后是可支配收入；贵州省与全国 2013 年以前农村居民收入是纯收入，2013 年及以后是可支配收入。

资料来源：《大方县 2012 年国民经济与社会发展统计公报》《大方县 2013 年国民经济与社会发展统计公报》《大方县 2014 年国民经济与社会发展统计公报》《大方县 2015 年国民经济与社会发展统计公报》《大方县 2016 年国民经济与社会发展统计公报》，大方县人民政府门户网站（http://www.gzdafang.gov.cn/）；《贵州省统计年鉴》（2013~2015）；《2016 年贵州省国民经济与社会发展统计公报》，贵州省统计局门户网站（http://www.gzstjj.gov.cn/）；《中国统计年鉴》（2013~2016）；《中华人民共和国 2016 年国民经济与社会发展统计公报》。

图 2-4 2012~2016 年大方县、贵州省与全国农村居民人均收入年增长率

资料来源：《大方县 2012 年国民经济与社会发展统计公报》《大方县 2013 年国民经济与社会发展统计公报》《大方县 2014 年国民经济与社会发展统计公报》《大方县 2015 年国民经济与社会发展统计公报》《大方县 2016 年国民经济与社会发展统计公报》，大方县人民政府门户网站（http://www.gzdafang.gov.cn/）；《贵州省统计年鉴》（2013~2015）；《2016 年贵州省国民经济与社会发展统计公报》，贵州省统计局门户网站（http://www.gzstjj.gov.cn/）；《中国统计年鉴》（2013~2016）；《中华人民共和国 2016 年国民经济与社会发展统计公报》。

注：大方县 2013 年及以前农村居民收入是纯收入，2013 年之后是可支配收入；贵州省与全国 2013 年以前农村居民收入是纯收入，2013 年及以后是可支配收入。在农村居民收入统计口径发生转换的相邻两年间，收入年增长率按照具有可比性的纯收入进行计算。

三 城乡收入差距

2012 年，大方县城镇居民人均可支配收入和农村居民人均纯收入分别是 19296 元和 4943 元。到 2016 年，城镇居民和农村居民人均可支配收入分别增长到 24129 元和 7741 元，分别是 2012 年的 1.25 倍和 1.57 倍，年均增长率分别达到大约 6% 和 12%。农村居民人均收入增长快于城镇居民人均收入增长，使大方县城乡居民收入差距显著缩小。图 2-5 反映 2012~2016 年大方县城乡居民收入差距（以城乡居民名义收入之比表示）不断缩小的变化趋势及其与贵州省、全国城乡居民收入差距的对比情况。从图中可以看出，大方县与贵州省和全国的城乡收入差距均处于不断减小的过程中，但与贵州省和全国水平相比，大方县城乡收入差距一直处于最高水平。具体来看，大方县城乡收入差距略高于贵州省，却远高于全国平均水平。到 2016 年，大方县城乡居民收入差距高达 3.31 倍，高于贵州省（3.12 倍），更是远高于全国平均水平（2.72 倍）。大方县所存在的较高的城乡居民收入差距，是城乡关系不协调、农村居民发展权利和经济机会被剥夺的表现。为提高农村居民收入、消除农村贫困，大方县应当进一步深化经济体制改革，消除传统城乡二元经济结构，实现城乡融合发展。

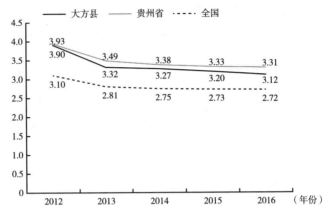

图 2-5   2012~2016 年大方县、贵州省与全国城乡收入差距

注：城乡收入差距为城乡居民名义收入之比。大方县 2013 年及以前农村居民收入是纯收入，2013 年之后是可支配收入；贵州省与全国 2013 年以前农村居民收入是纯收入，2013 年及以后是可支配收入。

资料来源：《大方县 2012 年国民经济与社会发展统计公报》《大方县 2013 年国民经济与社会发展统计公报》《大方县 2014 年国民经济与社会发展统计公报》《大方县 2015 年国民经济与社会发展统计公报》《大方县 2016 年国民经济与社会发展统计公报》，大方县人民政府门户网站（http://www.gzdafang.gov.cn/）；《贵州省统计年鉴》（2013~2015）；《2016 年贵州省国民经济与社会发展统计公报》，贵州省统计局门户网站（http://www.gzstjj.gov.cn/）；《中国统计年鉴》（2013~2016）；《中华人民共和国 2016 年国民经济与社会发展统计公报》。

第二节   大方县扶贫工作

大方县是脱贫任务较重的扶贫开发工作重点县之一，贫困人口量多面广，面临着生态脆弱和人口资源矛盾突出等问题。按照中央、贵州省及毕节市关于脱贫攻坚工作的一系列部署和要求，坚持精准扶贫、精准脱贫的基本方略，主要从产业发展、基础设施建设、异地搬迁、生态建设、

教育医疗、社会保障兜底等方面开展扶贫工作，以期完成
2018 年率先脱贫，到 2020 年与全市、全省、全国同步全面
建成小康社会的目标。在实际工作中，大方县重点开展了
精准识别、精准帮扶、精准脱贫（退出）三项工作。

一 精准识别

大方县按照"去规模、严标准、两本账、严程序"的
原则开展贫困人口的精准识别工作。具体来说，"去规模"
是指不设规模、应识尽识，即全县统一识别口径、标准、
方法，打破乡（镇、街道）之间、村（社区）之间识别规
模限制，不设底数、不设上限，据实识别贫困人口。"严
标准"是指坚持标准、整户识别，即严格按照"四看法"
（一看房、二看粮、三看劳动能力强不强、四看有没有读
书郎）识别标准和年人均可支配收入 2968 元的贫困标准，
以户为单位，把农村贫困家庭整户纳入对象管理。"两本
账"是指级差管理、分账建设，一是运用"四看法"准确
核实精准扶贫建档立卡系统，把系统外的贫困家庭补充进
来，同时把系统中的非贫困家庭剔除；二是运用"收入核
算法"据实核算农村居民人均可支配收入，对低于 2968
元的贫困家庭实行单独登记、专账管理。"严程序"是指
严格程序、规范操作，即严格按照"宣传发动、农户申
请、入户调查、评议公示、划线认定、对象公示、审定公
示、备案录入"的程序，统一开展识别工作。

精准识别的范围主要包括三类农村家庭：一是农村有

劳动力且有劳动意愿，提出贫困识别申请的家庭（新提出贫困识别申请家庭）；二是已纳入精准扶贫建档立卡系统管理的家庭（含2014年、2015年标准脱贫家庭），此类家庭不需提出贫困识别申请；三是民政部门长期保障对象、重点保障对象及一般保障对象。但有以下类型之一的不纳入识别登记范围（简称"十二个不纳入"）：（1）家庭成员中有在机关、事业单位或国有大中型企业正式工作的；（2）现任村干部的（家庭困难确需纳入的，须报经县级扶贫部门核实认定）；（3）家庭拥有货车、轿车、面包车等价值超过2万元机动车辆的；（4）子女家庭是非贫困户而父母独居的；（5）因工程拆迁得到补偿，收入明显高于当地平均水平的；（6）在县城或集镇购置或建有门面、住房的（国家统一安置的生态移民搬迁户还符合贫困条件的除外）；（7）家庭供养学生中有高费用择校读书或在高费用私立学校读书的；（8）整户长期（10个月以上）不在本辖区居住生活的；（9）长年雇用他人从事生产经营活动的；（10）家庭成员从事规模种植、养殖业或加工业（总投入3万元以上）、做生意、包工程、经商办企业（有工商执照）的；（11）女性年满55周岁、男性年满60周岁且纳入民政保障的独居老人（如果纳入建档立卡系统管理，无法定性贫困属性，因为一般贫困户必须有劳动力，而低保贫困户、低保户、五保户都是民政保障对象）；（12）家庭成员中1/3以上成员稳定务工10个月以上的。对以上"十二个不纳入"类型之一的家庭，如果递交了贫困识别申请，把书面回执单（一式两份）送达本人签字确认后，收回一份留存村委会备查。

精准识别的方法主要包括以下内容：一是对民政部门整户施保的长期和重点保障对象，照单对应纳入扶贫管理，不需重新进行核查识别，即不用"四看法"打分，只需民政部门提供家庭成员信息台账并签字盖章认可，但要填写《毕节市贫困户调查登记表》和《农村家庭人均可支配收入核查表》；对民政部门没有整户施保的重点保障对象，由核查人员对照贫困标准识别，通过"四看法"打分，逐级汇总报县统一划线后，高于全县划定贫困分数线以上的对象为非贫困户，将被划出去，反之就是贫困户。凡是用"四看法"打分进行核查识别的对象，是否符合贫困标准或是否属于贫困户都要经过全县统一划定分数线后才能认定。二是对一般贫困户、低保贫困户和新提出识别申请农户进行核查和识别，以家庭收入为基础，综合考虑其住房、教育、健康、子女赡养能力等情况，运用"四看法"对识别对象进行量化评分。三是通过统计核算、"以支推收"等方式，客观认定识别对象家庭人均可支配收入。

2016 年，大方县开展精准识别的主要步骤及时间安排如下。

第一步：宣传发动（2016 年 7 月 6 日前完成）。在各乡（镇、街道）前期已开展大量工作的基础上，综合运用广播、电视、报刊、标语（每村至少有一条永久性墙体标语）、宣传单、口袋书和群众会、村民代表会等多种方式，广泛宣传进一步精准识别贫困户的重要意义以及识别对象、识别标准、识别程序、识别时间等，以户为单位发放进一步精准识别贫困户告知书，确保核查识别工作家喻户晓。

第二步：农户申请（2016年7月8日前完成）。鼓励条件较差家庭主动申请贫困识别，尤其对整户外出的家庭要逐户取得联系，告知本次识别政策，动员其申请贫困识别（对整户外出的家庭，可通过电话、信函等方式提出识别申请，同时做好工作记录）。对于确实贫困的家庭，要积极引导其主动申请。

第三步：入户调查（2016年7月15日前完成）。对精准扶贫建档立卡系统中的家庭（含2014年以来标注脱贫对象）和本次提出识别申请的家庭，要组织工作组逐户核查识别，一是运用《四看法评分表》对照基础设施、住房环境、产业发展、劳务经营等指标逐项进行评分，识别人员和识别对象要对评出的分值签字确认。二是运用"收入核算法"与"支出倒算法"同步将核查识别对象家庭人均可支配收入统计核算出来，进行造册登记。三是同步填写《毕节市贫困户调查登记表》。四是认真做好"三照一视频"信息采集工作。三组照片包括人的照片2张——户主照、家庭成员照（家庭成员外出的可后续补采）、房的照片5张、手绘民情村地图照片1张；一个视频是指录制20秒左右的视频真实反映贫困户的产业发展情况。五是将贫困户的户口本、身份证、结婚证、合作医疗证、养老保险证、低保证、残疾证、军烈属证等所有证件拍照保存在电脑硬盘。

第四步：评议公示（2016年7月20日前完成）。一是民主评议。以村为单位召开由村民代表、驻村工作队、村"两委"干部、村第一书记、包村干部等人员参加的评议会，对本村所有识别家庭得分的真实性、合理性进行民主评议，同步核实是否存在漏户漏人、人为拆分户等情况。二是村级公示。评议结束后，将评分情况在村内显眼位置进行公示，公示期为5天，公示内容包括识别户得分情况、监督反映联系人、联系方式等。公示期间要以村民组为单位组织群众看榜，并做好公示、看榜记录，对公示期内村民有异议的，及时组织工作组进行复核。

第五步：划线审定（2016年7月22日前完成）。村级公示结束无异议后，将识别、评议结果报乡（镇、街道）审核。乡（镇、街道）对村级识别、评议结果审核汇总后，报送县扶贫办，最后由县扶贫办进行汇总、分析，划定全县"四看法"贫困户识别分数线。

第六步：对象公示（2016年7月27日前完成）。乡（镇、街道）根据县扶贫办确定的贫困分数线由低到高确定扶贫对象和拟退出对象，在《核查识别贫困户评分统计汇总表》的"备注"栏填好"原贫困对象""新识别出的贫困对象""返贫的贫困对象""继续保留脱贫对象""拟清退对象"后，在乡（镇、街道）村同步进行第二次公示，公示时间为5天。对公示中有问题反映的，要深入了解，进行比对，按民主评定程序再调查、核实与评定。

第七步：审定公告（2016年8月1日前完成）。村、乡（镇、街道）公示无异议后，逐级汇总上报县扶贫开发领导小组审核认定，并在县政府政务网站进行公示，公示时间为 5 天。

第八步：录入备案（2016 年 8 月 4 日前完成）。乡（镇、街道）根据县扶贫开发领导小组审核认定文件，将扶贫对象信息输入建档立卡系统。一是原系统中的贫困户本次识别仍为贫困户的，继续保留在系统中并完善详细信息；本次识别为非贫困户的，按程序从系统中清退。二是原系统中已标注脱贫、本次识别为非贫困户的，继续保留为脱贫对象；本次识别为贫困户的，按返贫程序重新纳入未脱贫管理。三是没有在原系统中、本次识别新纳入的贫困户，及时将基本信息录入系统并完善纸质档案。四是对建档立卡系统内的所有农户（含 2014 年、2015 年已标注脱贫的对象）进行核实，若属于"十二个不纳入"类型的家庭，将其从系统中清退（必须有农户签字确认的《贫困户申请回执单》作佐证）。

第九步：分账管理（2016 年 8 月 5 日前完成）。县扶贫办将识别对象人均可支配收入核算结果低于 2968 元的贫困家庭实行专账（单独建立数据库）管理。相关部门结合自身业务需要，做好贫困人口信息与行业部门信息比对工作，充分运用识别结果，共同推进精准扶贫、精准脱贫。

经过艰苦细致的工作，2016 年，大方县共识别贫困人口 47659 户 13.813 万人，其中五保低保户 40650 人，低保贫困户 19664 人，一般贫困户 77816 人，基本实现了"贫困户一户不漏，非贫困户一户不进"的工作目标，为精准扶贫、精准脱贫工作奠定了坚实的基础。

二 精准帮扶

在帮扶工作中，大方县按照贫困村"五通四有"（即通村水泥路或油路、通农村客运、通宽带及电话、通组路及连户路硬化、通生产用电；有美丽乡村创建点、有达标的村卫生室和医生、有村文化活动室和文化信息员、有村集体经济）和贫困户"四有五覆盖"（即有安全饮水、有安全用电、有安全住房、有就业技能培训；入户路及院坝硬化、社会养老保障、合作医疗及医疗救助、教育资助、增收产业全覆盖）的要求，对贫困村、贫困户认真开展实地调查，以缺什么补什么的原则，整合资金，安排项目，精准推进帮扶工作。2016年各级政府下达大方县财政扶贫资金共计14461.0万元，其中，中央资金10090.2万元，省级资金2256.0万元，市级资金855万元，县级资金1000万元，社会扶贫资金259.8万元。根据贵州省扶贫办、财政厅、监察厅、审计厅《关于改革创新财政专项扶贫发展资金管理的指导意见》（黔扶通〔2016〕9号）文件精神，大方县按照扶贫发展资金3∶3∶1∶1∶2的比例安排使用扶贫资金，具体来说，一是安排资金总额的30%用于发展增收产业；二是安排30%用于扶持集体经济组织或专业合作社；三是安排10%用于支持"5万元以下、3年期以内、免除担保抵押、扶贫贴息支持、县级风险补偿"的专项小额扶贫到户贷款贴息；四是安排10%用于扶贫培训（扶贫干部培训、"雨露计划"等培训）；五是安排20%支持村级以下的小微公益基础设施建设。2016年，大方县共安排财政资金扶贫项目 305 个，298 个项目已开工建设，完工项目 68 个，项目覆盖贫困户 13440 户、43654 人，完成报账 1687.35 万元。具体来说，主要帮扶工作包括以下几点。

第一，产业就业扶贫。按照"5 个 10 万"工程规划〔发展 10 万亩特色蔬菜基地、10 万亩特色经果林基地、10 万头安格斯优质肉牛基地、10 万亩中药材（食用菌）基地、10 万名农民工大培训〕，大方县建成畜禽基因控制中心、大西南纯种安格斯肉牛第一育种场，建成 10 头以上规模的养牛场 156 个，肉牛产业链发展模式初步建成；建成马铃薯种植及商品薯 25.8 万亩，商品蔬菜基地 44.2 万亩，引进地利集团等龙头企业建成高山冷凉蔬菜示范样板 10 个，建成省、市、县、乡级示范园区 42 个，园区核心区面积达 3.48 万亩，辐射带动面积 20.84 万亩。2016 年，产业扶贫措施覆盖贫困人口 7.6 万人，同时积极开展贫困人员就业培训工作，组织就业岗前培训 19 期，培训建档立卡贫困对象 11500 人，2.16 万农民获得实用技能培训。

第二，金融扶持扶贫。根据金融扶贫"惠农贷""特惠贷"等金融政策，支持建档立卡贫困户通过"5 万元以下、3 年期以内、免除担保抵押、扶贫贴息支持、县级风险补偿"的专项小额扶贫到户贷款发展生产。2016 年，大方县投放风险基金 1000 万元，财政扶贫资金贴息 398.14 万元，全年累计发放贷款 26438.38 万元，使 7446 个贫困户受益。

第三，易地搬迁扶贫。按照政府负责征地拆迁、"三

"通一平"建设，恒大集团出资援建安置房工程，推进易地搬迁扶贫工作，覆盖贫困人口 11205 人，已分房和搬迁 609 人。在危房改造方面，大方县投入 4069.5 万元实施贫困户危改工程，惠及贫困户 1635 户 5723 人。

第四，生态补偿扶贫。2016 年，大方县建成营造林面积 24.62 万亩，其中人造林 19.42 万亩，巩固退耕还林成果项目建设 5.2 万亩。另外，新增巩固退耕还林成果项目 6000 亩，植被恢复项目建设 2.24 万亩，绿色贵州省级财政资金造林 7 万亩；聘用护林员 330 人，全部为建档立卡贫困户家庭成员。

第五，发展教育扶贫。一是为建档立卡贫困学生提供政策性资助，开展教育精准扶贫学生资助工作。第一批受助贫困学生 2796 人，发放资金 818.6 万元，第二批受助贫困学生 3579 人，发放资金 931 万元；中等职业学校学生免学费 697 人，发放资金 139.4 万元；完成泛海集团资助贫困大学生 300 名，资助资金 150 万元。接受社会捐资助学金 380 万元，惠及贫困学生 1.2 万人。发放助学贷款 7500 万元，惠及贫困学生 1.2 万人。2016 年，全县就读高中、中职和普通高校的贫困家庭在校生全部享受到教育精准扶贫，资助比例 100%，普通高中建档立卡家庭经济困难在校学生免除学杂费比例 100%。二是恒大集团扶贫办发放"恒大大方教育奖励基金"150 万元，发放高考奖扶资金 249 万元，惠及贫困学生 423 人。三是实施"雨露计划"，对高（职）中贫困学生实行"两助三免"，对高校贫困学生实行"两助一免"，累计资助资金 204 万元，受益贫困学生 510 名。

第六，社会保障扶贫。一是民政救助方面，发放农村低保金 9425.3 万元。二是医疗救助方面，实行"城乡基本医疗 + 大病保险 + 医疗救助"三重医疗救助政策，2016 年合作医疗参保人数 76.68 万人，参保率为 100%。制定出台了《大方县提高农村贫困人口医疗保险水平促进精准扶贫工作方案》，确保 11 类特殊群众医疗报销比例在 90% 以上，为贫困人口代缴医保金 223.16 万元。三是养老保险方面，全县 2016 年符合城乡居民养老保险参保的贫困人口 81197 人，贫困人口参加城乡居民养老保险 64974 人。四是提高农村低保标准，低保金由 2015 年的 2580 元 / 年提高到 3060 元 / 年，增幅为 18.6%。

三　精准脱贫（退出）

为实现贫困退出对象的精准化，防止"被脱贫""假脱贫""数字脱贫"，2016 年，大方县制订并实施了贫困退出实施方案，确保贫困县摘帽、贫困村出列、贫困户脱贫按标准、按程序规范进行。

首先，制定实施严格的贫困退出标准。贫困退出标准涉及贫困户、贫困村、贫困乡镇三个方面。

第一是贫困户脱贫退出标准，包括如下内容：① 2016 年底家庭年人均可支配收入稳定超过 3146 元，不愁吃、不愁穿；②实现"四有五覆盖"（脱贫户有安全住房、有安全饮水、有安全用电、有就业技能，入户路和院坝硬化覆盖、社会养老保险覆盖、合作医疗和医疗救助覆盖、教育资助政策覆盖、增收产业覆盖）；③年底"四看法"评分超过65分。

第二是贫困村退出标准，包括如下内容：①贫困发生率在3%以下，即该村剩余贫困人口数（不含兜底对象）/该村乡村人口数×100%<3%；②实现"五通四有"（脱贫村通水泥路或沥青路、通客运、通宽带及电话、通组公路及连户路硬化、通生产用电，有美丽乡村创建点、有村卫生室和乡村医生、有村文化活动室和文化信息员、有不低于3万元村集体经济收入）。

第三是贫困乡镇退出标准，包括如下内容：①贫困发生率年度下降4.3个百分点以上（该乡脱贫人数/该乡乡村人口数×100%>4.3个百分点）；②全乡农村居民人均可支配收入在7000元以上。

其次，制定并实施严格的贫困退出程序。贫困退出程序涉及贫困户、贫困村、贫困乡镇三个方面。

第一，贫困户退出程序。主要包括：①村民小组提名（2016年11月13日前完成）。村民小组（每个村民小组有5个以上代表）按照贫困户脱贫退出标准，向所在村民委员会提出拟脱贫退出贫困户名单。参加提名的村民代表在拟脱贫退出贫困户名单上签字并附上时间。②村级自查（2016年11月18日前完成）。由村委会组织相关人员对村民小组提出的拟脱贫退出贫困户名单开展自查，然后由村民委员会根据自查情况，向所在乡镇提出拟脱贫退出贫困户名单。③乡镇核实（2016年11月25日前完成）。

由乡镇人民政府组织相关人员对村民委员会提出的拟脱贫退出贫困户名单开展逐户入户调查（每个村要有 1 名乡镇领导联系把关，每个工作组必须有 1 名以上乡镇在职在编干部和 1~2 名村民代表），对每个拟脱贫退出贫困户进行人均可支配收入调查、"四有五覆盖"和精准扶贫"四看法"综合评估。人均可支配收入调查表、"四有五覆盖"台账和"四看法"评分表上都要签上调查评估人员名字并填上调查评估时间，同时请贫困户户主签字。④贫困退出（2016 年 11 月 30 日前完成）。乡镇对拟退出贫困户核实结果进行公示，公示无异议后，公告退出，同时将正式报告报送到县扶贫办并附上脱贫户名单。⑤县级核准（2016年 12 月 10 日前完成）。县扶贫开发领导小组对乡镇上报的贫困户退出名单及材料进行核实，核实中按 10% 的比例对拟脱贫认定贫困户进行核查，县扶贫开发领导小组认定后，报市扶贫办备案。⑥确认销号（2016 年 12 月 20 日前完成）。经县级扶贫开发领导小组以正式确认文件核准认定后，由乡镇党政主要负责人、扶贫工作站负责人、村党支部书记和村委会主任、村党支部"第一书记"、驻村工作队（组）主要负责人签字确认退出，并在"贵州省扶贫云建档立卡系统"中标识销号。

第二，贫困村退出程序。主要包括：①村级申请（2016 年 11 月 25 日前完成）。按照贫困村退出标准，提出贫困村退出申请。②乡镇核实（2016 年 11 月 29 日前完成）。乡镇人民政府组织相关人员对申请退出村进行调查评估，达到退出标准的上报县扶贫开发领导小组。③县级核准（2016 年 12 月 10 日前完成）。县扶贫开发领导小组对乡镇上报的拟退出贫困村组织相关人员全面核实，达到退出标准的进行核准认定。④确认标注（2016 年 12 月 20 日前完成）。县扶贫开发领导小组核准认定后，由联系贫困村的县和乡镇领导、扶贫工作站主要负责人、村党支部书记和村委会主任、村党支部"第一书记"、驻村工作队（组）主要负责人签字确认退出，并在"贵州省扶贫云建档立卡系统"中标识确认。⑤省市备案（2016 年 12 月 21 日前完成）。经县扶贫开发领导小组认定退出的贫困村，以县为单位上报市级扶贫开发领导小组备案；市级汇总后，以市为单位上报省级扶贫开发领导小组备案。

第三，贫困乡镇退出程序。主要包括：①乡镇申请（2016 年 11 月 25 日前完成）。根据贫困乡镇退出标准，乡镇人民政府组织开展自查，以乡镇人民政府文件向县级扶贫开发领导小组正式提出退出申请。②县级审核认定（2016 年 12 月 10 日前完成）。县级扶贫开发领导小组组织县级相关部门对拟退出贫困乡镇进行审核并公示，公示无异议后，公告退出。③签字确认。联系贫困乡镇的市、县领导，县扶贫办主要负责人，乡镇党委和政府主要负责人，乡镇扶贫工作站主要负责人签字确认。④省市备案。经县级扶贫开发领导小组审批认定退出的贫困镇，以市级扶贫开发领导小组为单位汇总后报省级扶贫开发领导小组备案。

2016 年，大方县遵照上述脱贫标准和退出程序，严格执行"乡村自查、民主评议、群众认可、签字退出"制度，规范完成"两公示、一公告"环节，经上级评估后，共完成省级脱贫摘帽 3 个乡镇、12 个村出列、2.15 万人脱贫，全县贫困发生率下降到 17.5%。

第三节　企业扶贫的典型案例——恒大模式

2015 年 12 月 19 日，恒大集团与大方县举行"恒大集团结对帮扶大方县精准脱贫"签约仪式，恒大集团决定无偿投入 30 亿元帮助大方县整体脱贫。截至目前，恒大集团已分两批通过贵州省扶贫基金会定向捐赠给大方县精准扶贫精准脱贫资金共计 20 亿元。恒大集团结对帮扶大方县精准脱贫，是迄今为止我国企业扶贫规模最大、参与度最深、体制最新、效率最高的案例，对于我国社会力量参与扶贫开发具有重要的实践指导意义和表率引领作用。

一　恒大帮扶大方的主要扶贫措施

2016 年 2 月 27 日和 11 月 23 日，恒大集团结对帮扶大方县的两批援建工程项目的开工仪式隆重举行，103 项重点工程和 200 个农牧业产业化基地项目同时正式开工。恒大集团帮扶大方县的扶贫措施主要包括六类：产业扶贫、易地搬迁扶贫、就业扶贫、教育扶贫、创业扶贫、特困群体生活保障扶贫。截至 2017 年 4 月，六大扶贫措施已经覆盖大方县 70% 的贫困人口，帮助大约 8.05 万人初步实现脱贫。

第一，依托合作社实施产业扶贫。针对能够就地进行生产扶持的贫困群体，恒大计划无偿投入 9 亿元，三年扶持 1000 个以合作社形式运营的农牧业产业基地，并引进上下游龙头企业进驻大方，帮助 5 万户、13 万贫困人口稳定脱贫。具体内容包括以下方面。

一是计划建成 200 个以合作社形式运营的农牧业产业基地，包括肉牛、蔬菜、食用菌、中药材等，目前已建成 152 个。

①计划三年建成 10 万头优质肉牛基地。2016 年 5 月 28 日，进口 7 万支加拿大安格斯牛冻精，9 月 25 日进口 2 万支加拿大西门塔尔冻精，对全县已有西门塔尔和引进优质基础母牛进行输配。首批从澳大利亚进口 500 头纯种安格斯母牛已于 2016 年 6 月 5 日调入大方；引进西门塔尔优质基础母牛 1826 头；1000 头规模的大西南纯种安格斯第一育种场已投入使用，目前建成隔离场 4 个、育种场 1 个、养牛场 5 个。图 2-6 展示了恒大集团援建大方县的扶贫牛超市建设项目，该项目规划 3 年内引进 3 万头基础母牛供大方县有养牛意愿的贫困户选购。2016 年 6 月 5 日，国内最先进的基因控制中心及基层网络建成投入使用。

值得一提的是，在发展肉牛产业时，恒大集团探索走出了一条贫困户"买牛不愁钱、养牛没风险、产牛有奖励、卖牛有保障"的肉牛产业精准扶贫模式，即通过引进中禾、恒瑞等两家畜牧业上下游龙头企业，建立母牛供应、技能培训、饲养、收购、加工、销售等产业化体系。同时，恒大集团对统一引进的安格斯、西门塔尔优质基础母牛，以每头低于市场价 3000 元的价格，由贫困户全额贷款购买，恒大提供全额担保、全额贴息、全额保险，每繁殖成活一头牛犊再奖励 1000 元，由此使贫困户通过发展肉牛产业获得较好的收入保障。

②计划三年建成 10 万亩高山冷凉蔬菜标准化基地。引进地利集团等龙头企业建设核心区、示范区 1 万亩，依托龙头企业扶持专业合作社，带动贫困户进行标准化、规模化种植，形成稳定的产业化经营。目前，已建设标准化种植基地 5 万亩，首批扶持贫困户农业基础设施和小型农机具已投入使用。

③计划三年建成 10 万亩中药材、食用菌基地。引进一力集团等龙头企业，启动 4 个中药材核心区种植，带动周边群众种植中药材 2 万亩以上。2016 年 8 月 5 日，大方冬荪获得国家地理标志保护产品认证。2017 年 1 月 20 日，国家标准化管理委员会授予大方县"国家天麻种植综合标准化示范区"称号。

④计划三年建成 10 万亩经济林（油用牡丹）基地。2016 年完成油用牡丹种植 3950 亩，其他经济林 5.9 万亩。猕猴桃产业土地流转完成 10791.7 亩，计划种植 14000 亩。

⑤试点乡镇开展产业扶贫。以第一批 11 个乡镇和其他产业发展基础较强的 10 个乡镇为产业扶贫试点乡镇，目前已有 38 个产业项目立项（种植项目 18 个 7640 亩，养殖项目 20 个 2145 头），启动实施 28 个，累计种植蔬菜 5740.5 亩、经果林 1300 亩、牧草 816 亩。2016 年，启动

（a）

（b）

（c）

图2-6　恒大集团援建大方县第一扶贫牛超市

养牛项目 15 个，种植牧草 1.7775 万亩。2017 年，启动建设育种场项目 2 个。第二批蔬菜种植项目计划建 20 个大型蔬菜育苗基地、3 个大型高效蔬菜种植示范及培训基地、1 万栋蔬菜大棚，共 24 个项目，已建成 4 个，在建 20 个。

二是设立"恒大大方产业扶贫贷款担保基金"。恒大捐赠 1 亿元设立"恒大大方产业扶贫贷款担保基金"，担保总额 10 亿元，为合作社提供专项贷款担保。截至 2017 年 4 月，累计发放担保贷款 2.997 亿元，覆盖农户 6380 个。

三是设立"恒大大方贫困家庭创业基金"。恒大捐赠 3 亿元设立"恒大大方贫困家庭创业基金"，计划三年内分期分批，采取以奖代补方式直接奖励创业户，帮助 3 万人脱贫致富。截至 2017 年 4 月，已扶持 10769 个贫困户家庭创业。

第二，实施易地搬迁扶贫。结合新型城镇化建设和新农村建设，针对基本丧失生产生活条件地区的贫困群体，恒大计划出资 10 亿元，建设 50 处有产业依托的安置区，易地扶贫搬迁 2 万贫困人口。具体内容包括以下方面。

①民族风情小镇建设项目。奢香古镇已全面开工建设，22 栋住宅和 55 栋单体古镇商业楼主体全部封顶，供电配套等基础设施建设正在实施，可安置 1000 户 4000 人。

②首批 10 个新农村建设项目。幸福一、二、四、五、七、八、十村已搬迁入住，共搬迁 203 户 837 人；恒大幸福二村、五村、八村易地扶贫搬迁对象旧房拆除累计 133 户。

③第二批新建易地搬迁安置新农村项目 40 个，涉及 22 个乡镇 39 个村，可安置贫困户 2500 户 1000 人。

图 2-7　恒大集团帮扶大方县易地扶贫搬迁户旧居

（a）

（b）

图 2-8　恒大集团援建大方县易地扶贫搬迁新农村建设项目

第三，实施就业扶贫。发挥恒大集团自身优势，针对贫困家庭中有外出就业需求的青壮年劳动力，组织职业技能培训，三年吸纳3万人到恒大集团下属企业和战略合作企业就业，实现"一人就业、全家脱贫"。截至2017年4月，恒大集团组织职业技能培训23期15000人，吸纳就业11893人，稳定就业4708人，就业人员年人均工资42000元，直接带动近2万人脱贫。

第四，发展教育扶贫。恒大出资5亿元，新建11所小学、13所幼儿园、1所完全中学、1所现代职业技术学院，设立"恒大大方教育奖励基金"，用于奖励优秀贫困家庭学生和优秀教师。截至2017年4月，26所援建学校完成投资3.17亿元，10所学校集中开学，职业技术学院完成投资12350万元，民族中学完成投资3225万元。小学项目总投资1.22亿元，完成投资1.052亿元。幼儿园项目总投资5000万元，完成投资4602万元。已表彰200名优秀教师、300名优秀学生，每人奖励3000元。恒大集团还与清华大学合作，以远程教育、培训师资等方式，在"软件"上加速推进教育扶贫，已培训340名教师及管理干部。

第五，实施创业扶贫。恒大集团设立了3亿元的"恒大大方贫困家庭创业基金"，三年内分期分批，以贴息和奖补等形式鼓励贫困家庭创业，帮助3万人脱贫致富。截至2017年4月，已扶持10976个贫困户开展创业。

第六，实施特困群体生活保障扶贫。恒大集团出资3亿元，新建1所慈善医院、1所敬老院、1所儿童福利院。目前，慈善医院、敬老院、儿童福利院已交付使用。捐赠2亿元设立"恒大大方慈善基金",为孤寡老人养老就医、困境儿童生活学习和贫困家庭就医提供补助。为14140名特困群体每人购买一份固定收益商业保险,使其达到年人均收入3028元的大方县脱贫标准。组织恒大集团员工"一助一"结对帮扶大方县农村全部留守儿童、困境儿童和孤儿4993人。

（a）

（b）

图2-9　恒大集团结对帮扶大方县就业扶贫

二 "恒大模式"的特征及其意义

恒大集团以大手笔、大动作、大气魄帮扶大方县开展脱贫工作的模式具有以下显著特征。

第一,帮扶规模大。恒大集团三年无偿投入30亿元,帮助大方县175个贫困村、18万贫困人口整县脱贫,投入之多、力度之大,在我国社会扶贫史上前所未有,开创了民营企业善尽社会责任、大规模参与扶贫事业的壮举。

第二,帮扶方式新。已有的企业扶贫基本上以捐钱捐物为主,不直接参与贫困地区的经济发展和贫困群体的生产经营。但是,贫困地区及贫困群体经济资源的缺乏仅是外在表象,其内在的深层次原因则是人才、信息、管理等现代生产要素的匮乏。恒大集团创新帮扶方式,变间接帮扶为直接参与,不仅出资金,还出人才、出技术、出管理、出思路,组建187人的专职扶贫团队常驻大方县,与当地干部群众共同开展精准扶贫工作,做到"大方不脱贫,恒大不脱钩;大方脱了贫,恒大不断线",充分利用自身优势和资源,全方位参与贫困地区脱贫攻坚事业。

第三,帮扶内容广。恒大集团坚持"输血"与"造血"并举的原则,变单一捐资为立体帮扶,按照中央"五个一批"的要求,通过实施产业扶贫、易地搬迁扶贫、就业创业扶贫、发展教育扶贫和特困群体生活保障扶贫等综合措施,建立全方位、系统化帮扶体系。

第四,帮扶精度高。恒大集团按照中央"六个精准"的要求,结合大规模入户调查,对大方县建档立卡数据库贫困人口进行精准识别，做到因户施策、因人施策，确保扶贫对象精准、项目安排精准、资金使用精准、措施到户精准、因县派人精准、脱贫成效精准。

第五，帮扶模式新。恒大集团在帮扶大方县精准脱贫的工作中，通过不断探索创新，创造了很多可复制可推广的成功经验，从而激发了当地干部群众不断增强内生发展动力。例如，产业扶贫采取"政府+龙头企业+金融机构+保险机构+科研机构+专业合作社+贫困户+基地"的模式，贫困户发展肉牛产业采取"买牛不愁钱、养牛没风险、产牛有奖励、卖牛有保障"的精准扶贫模式，吸纳就业采取"职业教育+订单培训+双向选择"的模式，易地扶贫搬迁采取"特色小城镇+美丽乡村+产业结构调整+新型职业农民培训+创业扶持奖励"的模式，教育扶贫采取"高等院校+远程教育+援建学校+企业员工志愿者+留守儿童"的模式，扶贫资金使用采取"社会捐款+财政扶贫资金+担保基金+贴息基金+风险补偿基金+产业基金+创业基金+以奖代补"等模式，等等。

恒大集团在帮扶大方县精准脱贫的探索实践中形成了一系列成功经验和特色做法，为我国社会扶贫事业树立了光辉榜样，为精准扶贫提供了典型示范，具有重要的示范引领意义。

第三章

大方县凤山乡店子村经济社会发展状况

第一节　店子村概况

　　贵州省大方县凤山彝族蒙古族乡店子村位于大方县中部，距大方县城 19 公里，距凤山乡政府所在地大约 2 公里。店子村属乌蒙山喀斯特地貌，以丘陵为主，西部地势较低，北部以平缓山地和深切河谷地为主，海拔 1550~1750 米，平均海拔 1600 米。店子村属亚热带季风性湿润气候区，其气候特点为冬季寒冷，夏季温凉，年温差小，日温差大，冬长夏短，春秋相连，雨热同季。全年平均气温 13.7℃ ~15.1℃，年降雨量 1150 毫米，日照时数 1540 小时，无霜期 191 天。

全村占地面积 8.28 平方公里，辖高原、桥边、湾子、店子、火封丫、洼野裸、徐家寨、沙河 8 个村民组。截至 2016 年底，全村共有住户 1084 个，总人口 3023 人，居住有汉族、彝族、蒙古族等多个民族，其中少数民族人口 316 人，占全村总人口的 10.5%。2016 年底，全村共有耕地面积 1737 亩，园地面积 560 亩，林地面积 624 亩（其中退耕还林面积 305 亩），畜禽饲养地面积 14 亩。截至 2016 年底，全村已完成全部 1737 亩耕地的确权登记及颁证工作。

店子村主要经济结构仍以农作物种植为主，农作物种植品种有玉米、马铃薯。2016 年，全村玉米种植面积 1120 亩，单产每亩大约 350 公斤；按照每公斤 1 元的市场价格计算，玉米种植每亩毛收入 350 元左右。2016 年，全村马铃薯种植面积 560 亩，单产每亩大约 750 公斤；按照每公斤 1 元的市场价格计算，马铃薯种植每亩毛收入 750 元左右。传统农作物种植的收益处于非常低的水平，与此同时，店子村非农产业发展也较为落后，主要是为村民生活提供服务的小型餐饮及零售店。总的来看，店子村经济发展显示出经济结构单一、传统农业生产比较利益过低的不利局面。2016 年，全村人均纯收入 8956 元，高于大方县和贵州省农村居民平均收入水平，低于全国农村居民平均收入水平①。

---

① 从图 1-4 和图 2-3 可知，2016 年大方县、贵州省和全国农村居民人均可支配收入分别是 7741 元、8090 元和 12363 元。尽管可支配收入与纯收入概念并不完全一致，但其数值相差不大。

第二节　抽样调查及样本介绍

中国社会科学院国情调研重大项目"精准扶贫精准脱贫百村调研——贵州省大方县凤山乡店子村"子课题组（以下简称"课题组"）于 2017 年 3 月 25 日至 4 月 4 日在贵州省大方县凤山乡店子村开展了农村调研。此次村庄调研的主要内容包括村庄基本状况、贫困状况及其演变、贫困的成因、减贫历程和成效、脱贫的发展思路和建议等。

如果不考虑住户样本对全村贫困程度的代表性，那么理想的抽样方案是对村内所有住户进行完全随机、等距、分组抽样。受样本量限制，这样的抽样方案很难满足对村内贫困户的代表性。因此，为了同时实现对村内所有住户以及贫困户的代表性要求，课题组采用了以下抽样方法：首先，将村内住户分为建档立卡户和非建档立卡户，分别作为抽样框。其次，对这两组抽样框采取随机抽样方法。综合考虑样本代表性和调查工作量，课题组在店子村调查了 157 户，包括 71 个建档立卡户和 86 个非建档立卡户。其中，建档立卡户包括一般贫困户、低保户、低保贫困户、五保户、脱贫户五种类型，分别为 11 个、34 个、21个、3 个和 2 个，分别占全部住户样本的 7.01%、21.66%、13.38%、1.91% 和 1.27%；非建档立卡户包括非贫困户、建档立卡调出户两种类型，分别有 83 个和 3 个，分别占全部住户样本的 52.87% 和 1.91%。抽样调查所得到的全部住户样本的类型分布如表 3-1 所示。

表 3-1　2016 年店子村调查住户样本类型

住户样本类型	户数（户）	比例（%）
建档立卡户	71	45.22
一般贫困户	11	7.01
低保户	34	21.66
低保贫困户	21	13.38
五保户	3	1.91
脱贫户	2	1.27
非建档立卡户	86	54.78
非贫困户	83	52.87
建档立卡调出户	3	1.91
全部住户样本	157	100

第三节　农户家庭成员特征

一　家庭人口构成

　　表 3-2 列出了店子村各类型住户样本的平均家庭总人口数及其构成。下面根据表 3-2 对店子村各类型住户样本的平均总人口数及其构成进行说明。

　　第一，总人口。2016 年，店子村全部住户样本的平均家庭总人口是 3.06 人，其中建档立卡户平均总人口 2.35 人，非建档立卡户平均总人口 3.64 人，表明建档立卡户的人口规模一般来说要低于非建档立卡户。

　　在建档立卡户中，数量极少的五保户和脱贫户的家庭总人口是 1 人，一般贫困户是 3.18 人，低保户是 1.91 人，低保贫困户是 2.95 人，表明一般贫困户的平均家庭人口规模高于低保贫困户，而低保户平均家庭人口规模在这三者之间最小，仅为 1.91 人。

第二，劳动力人口。根据《中国统计年鉴 2016》的定义，经济活动人口指在 16 周岁及以上，有劳动能力，参加或要求参加社会经济活动的人口，包括就业人员和失业人员。[1] 借鉴《中国统计年鉴 2016》的上述定义，同时结合课题组调查数据，本文劳动力定义包括以下三种人口：普通全劳动力、技能劳动力和部分丧失劳动能力者。[2]

根据上述定义，2016 年，店子村住户样本家庭劳动力平均规模约 1.77 人，其中建档立卡户家庭劳动力平均规模 0.96 人，非建档立卡户家庭劳动力平均规模 2.44 人；就劳动力占家庭总人口的比例来说，全部住户样本的平均比例为 51.24%，其中建档立卡户的平均比例为 34.69%，非建档立卡户的平均比例为 64.90%。可以看出，无论是家庭劳动力总规模还是劳动力占家庭人口的比例，都是非建档立卡户高于建档立卡户，这意味着，劳动力短缺可能是建档立卡户陷入经济拮据和贫困状态的一个重要原因。

---

[1] 国家统计局编《中国统计年鉴 2016》，中国统计出版社，2016。
[2] 在《精准扶贫精准脱贫百村调研住户调查问卷》中，对于住户全部人口均询问其"劳动、自理能力"，这一问题设置有以下选项："①普通全劳动力；②技能劳动力；③部分丧失劳动能力；④无劳动能力但有自理能力；⑤无自理能力；⑥不适用（在校学生或不满 16 周岁）"。

在建档立卡户中，除数量极少的五保户和脱贫户家中没有劳动力外，一般贫困户家庭劳动力平均规模为 1.91 人，低保贫困户为 1.43 人，低保户为 0.50 人；就劳动力占家庭总人口的比例来说，一般贫困户的平均比例为 65.76%，低保贫困户为 47.62%，低保户为 21.76%。可以看出，无论是家庭劳动力总规模还是劳动力占家庭总人口的比例，都是一般贫困户高于低保贫困户，低保贫困户高于低保户，这也是三类住户的实际状况和根本性质所决定的。

另外，一般贫困户、低保户、低保贫困户的劳动力人口数均低于非贫困户的 2.41 人；就劳动力占家庭总人口的比例来看，一般贫困户与非贫困户大体相当，低保户、低保贫困户均远低于非贫困户。这一现象表明，在家庭劳动力总规模及其占家庭人口的比例上，低保户、低保贫困户均不及非贫困户。

第三，抚养人口。根据《中国统计年鉴 2016》的定义，总抚养比也称总负担系数，是指非劳动年龄人口数与劳动年龄人口数之比，通常用百分比表示，说明每 100 名劳动年龄人口大致要负担多少名非劳动年龄人口，用于从人口角度反映人口与经济发展的基本关系。其中，劳动年龄人口是指年龄 15 ~ 64 岁的人口，非劳动年龄人口包括年龄 0 ~ 14 岁的少年儿童和 65 岁及以上的老年人口。[1]本文根据课题组的调查数据，将总抚养比定义为住户非劳

① 国家统计局编《中国统计年鉴 2016》，中国统计出版社，2016。

动力人口数与劳动力人口数之比。

　　根据上述定义，2016 年，店子村全部住户样本平均抚养人口数为 1.29 人，其中建档立卡户平均抚养人口数为 1.39 人，非建档立卡户平均抚养人口数为 1.20 人；就总抚养比来看，全部住户样本总抚养比为 63.43%，建档立卡户为 91.67%，非建档立卡户为 35.10%。可以看出，无论是抚养人口规模还是总抚养比，都是建档立卡户高于非建档立卡户，表明建档立卡户抚养人口负担较重，劳动力人口相对不足，这种人口结构必然会对其收入水平和经济生活产生不利影响。

　　在建档立卡户中，一般贫困户、低保户、低保贫困户的抚养人口分别为 1.27 人、1.41 人、1.52 人，均高于非贫困户的 1.19 人；一般贫困户、低保户、低保贫困户的总抚养比分别为 93.94%、102.56%、81.25%，远高于非贫困户的 59.29%。这一现象表明，一般贫困户、低保户、低保贫困户的抚养人口负担高于非贫困户，这可能是导致其贫困的原因之一。

　　总之，店子村农户家庭人口结构主要表现出以下特征，即建档立卡户家庭人口规模、劳动力人口规模及其占家庭总人口的比例均低于非建档立卡户，抚养人口及总抚养比高于非建档立卡户，与非建档立卡户相比，建档立卡户表现出劳动力不足、抚养人口负担较重的特点，这种不利的人口结构可能是导致其陷入经济困境的原因之一。

表3-2　2016年店子村住户样本家庭人口构成

住户样本类型	家庭人口（人）	劳动力（人）	劳动力占家庭总人口比例（%）	抚养人口（人）	总抚养比（%）
建档立卡户	2.35	0.96	34.69	1.39	91.67
一般贫困户	3.18	1.91	65.76	1.27	93.94
低保户	1.91	0.50	21.76	1.41	102.56
低保贫困户	2.95	1.43	47.62	1.52	81.25
五保户	1	0	0	1	—
脱贫户	1	0	0	1	—
非建档立卡户	3.64	2.44	64.90	1.20	35.10
非贫困户	3.60	2.41	64.64	1.19	59.29
建档立卡调出户	4.67	3.33	72.22	1.33	27.78
全部住户样本	3.06	1.77	51.24	1.29	63.43

二　性别、民族与年龄

表3-3列出了店子村住户样本的家庭人口性别比例。下面根据表3-3对店子村各类型住户样本的家庭人口性别比例进行说明。从表3-3可知，在店子村全部住户样本中，男性占全部人口的52.45%，女性占全部人口的47.55%，男性比女性多将近5个百分点；建档立卡户男性人口占51.57%，女性人口占48.42%，男性比女性大约多3个百分点；非建档立卡户男性人口占53.18%，女性人口占46.82%，男性比女性大约多6个百分点。显然，店子村住户存在男性比例高于女性的性别失衡现象，其中非建档立卡户男性比例高于女性的现象更为突出。

在建档立卡户中，一般贫困户男性比例高于女性将近2个百分点，低保户男性比例高于女性约5个百分点，但对低保贫困户来说，情况完全相反，其女性比例比男性比例高出大约 12 个百分点。对于非贫困户来说，其男性比例比女性比例高出将近 6 个百分点，这一性别比例差异比一般贫困户、低保户都要大。

总的来看，店子村住户存在男性比例高于女性的性别失衡现象，其中非建档立卡户（主要是非贫困户）的性别比例差异要高于一般贫困户和低保户，低保贫困户则出现女性比例高于男性的现象。

表 3-3　2016 年店子村住户样本家庭人口性别构成

住户样本类型	男性（%）	女性（%）
建档立卡户	51.57	48.42
一般贫困户	50.91	49.09
低保户	52.40	47.60
低保贫困户	43.81	56.19
五保户	100	0
脱贫户	50	50
非建档立卡户	53.18	46.82
非贫困户	52.89	47.11
建档立卡调出户	61.11	38.89
全部住户样本	52.45	47.55

表 3-4 列出了店子村住户样本的民族构成。店子村是一个多民族聚居的行政村。除汉族外，还居住有彝族、蒙古族、壮族等。本文将至少有一位住户成员为少数民族的住户定义为少数民族住户，住户成员中没有少数民族的住户定义为汉族住户。下面根据表 3-5 对店子村住户的民族

构成进行说明。

从表 3-4 中可以看出，在全部住户样本中，汉族户占 14.01%，少数民族户占 85.99%；其中，建档立卡户中汉族户比例较高，少数民族户比例较低，分别为 23.94% 和 76.06%；非建档立卡户中汉族户比例较低，少数民族户比例较高，分别为 5.81% 和 94.19%。

在建档立卡户中，一般贫困户和低保贫困户无汉族户，全部为少数民族户；低保户中汉族户占 35.29%，少数民族户占 64.71%。非贫困户中，汉族户占 6.02%，少数民族户占 93.98%。收入水平最低的一般贫困户和低保贫困户全部为少数民族户，说明少数民族群众的贫困发生率要高于汉族群众。

表 3-4　2016 年店子村住户样本的民族构成

住户样本类型	汉族（%）	少数民族（%）
建档立卡户	23.94	76.06
一般贫困户	0	100.00
低保户	35.29	64.71
低保贫困户	0	100
五保户	100.00	0
脱贫户	100.00	0
非建档立卡户	5.81	94.19
非贫困户	6.02	93.98
建档立卡调出户	0.00	100.00
全部住户样本	14.01	85.99

表 3-5 列出了住户样本的家庭成员平均年龄和劳动力平均年龄。下面根据表 3-5 对店子村住户样本的家庭成员平均年龄及劳动力平均年龄进行说明。

　　从表 3-5 中可以看出，全部住户样本的家庭成员平均年龄为 42.83 岁，劳动力平均年龄为 41.50 岁。其中，建档立卡户家庭成员平均年龄为 52.21 岁，劳动力平均年龄为 47.54 岁；非建档立卡户家庭成员平均年龄为 34.81 岁，劳动力平均年龄为 38.41 岁。建档立卡户与非建档立卡户比较，前者家庭成员和劳动力平均年龄均高于后者，而非建档立卡户家庭成员和劳动力呈现更为年轻化的特征。

　　在建档立卡户中，一般贫困户的家庭成员平均年龄为 38.89 岁，劳动力平均年龄为 42 岁，比低保户和低保贫困户都更为年轻化；低保户家庭成员和劳动力最为老龄化，家庭成员平均年龄为 60.48 岁，劳动力平均年龄为 60.71 岁；低保贫困户家庭成员平均年龄为 45.83 岁，劳动力平均年龄为 40.65 岁。与一般贫困户、低保户、低保贫困户相比，非贫困户的家庭成员平均年龄为 34.92 岁，劳动力平均年龄为 38.49 岁，显示出年轻化的特征。

　　总的看来，店子村住户样本的家庭成员年龄结构呈现建档立卡户老龄化、非建档立卡户年轻化的特征，与一般贫困户、低保户、低保贫困户相比，非贫困户的家庭成员和劳动力都更为年轻化。

表 3-5　2016 年店子村住户样本家庭成员与劳动力平均年龄

住户样本类型	全部住户成员平均年龄（岁）	劳动力平均年龄（岁）
建档立卡户	52.21	47.54
一般贫困户	38.89	42.00
低保户	60.48	60.71
低保贫困户	45.83	40.65
五保户	33.66	—
脱贫户	79.5	—
非建档立卡户	34.81	38.41
非贫困户	34.92	38.49
建档立卡调出户	32	36.08
全部住户样本	42.83	41.50

三　受教育程度

课题组在问卷调查中，设置了家庭成员"文化程度"这一问题，并将该问题的答案设置为"①文盲②小学③初中④高中⑤中专（职高技校）⑥大专及以上"。本文将住户家庭成员文化程度这一离散变量转换成受教育年限的连续变量，转换为受教育年限的具体方法为：文盲 0 年，小学 5 年，初中 8 年，高中、中专（职高技校）11 年，大专及以上 14 年。表 3-6 列出了住户样本家庭成员平均受教育年限和劳动力平均受教育年限。

从表 3-6 中可知，全部住户样本的家庭成员平均受教育年限 5.15 年，劳动力平均受教育年限为 6.14 年。其中，建档立卡户家庭成员平均受教育年限为 3.84 年，劳动力平均受教育年限为 5.35 年；非建档立卡户家庭成员平均受教育年限为 6.24 年，劳动力平均受教育年限约为 6.54 年。建档立卡户与非建档立卡户比较，前者家庭成员和劳动力平均受教育年限均低于后者，而非建档立卡户家庭成员和劳动力呈现出受教育程度更高的特征。

在建档立卡户中，一般贫困户家庭成员平均受教育年限为 5.71 年，劳动力平均受教育年限为 5.66 年；低保贫困户家庭成员平均受教育年限为 4.44 年，劳动力平均受教育年限为 6.18 年；低保户家庭成员平均受教育年限和劳动力平均受教育年限都要低于一般贫困户和低保贫困户，分别为 2.90 年和 4.06 年。与一般贫困户、低保户、低保贫困户相比，非贫困户的家庭成员平均受教育年限为 6.24 年，劳动力平均受教育年限为 6.55 年，均高于前者，显示出受教育程度更高的特征。

总的看来，店子村住户样本呈现建档立卡户家庭成员和劳动力平均受教育程度较低、非建档立卡户家庭成员和劳动力平均受教育程度较高的特点；与一般贫困户、低保户、低保贫困户相比，非贫困户的家庭成员和劳动力的受教育程度都要更高。受教育程度是人力资本水平的重要体现，较高的受教育程度无疑是非贫困户能够获得较高收入、建档立卡户收入水平较低的重要原因之一。

表3-6　2016年店子村住户样本家庭成员及劳动力平均受教育年限

住户样本类型	住户成员平均受教育年限（岁）	劳动力平均受教育年限（年）
建档立卡户	3.84	5.35
一般贫困户	5.71	5.66
低保户	2.90	4.06
低保贫困户	4.44	6.18
五保户	4.33	—
脱贫户	2.5	—
非建档立卡户	6.24	6.54
非贫困户	6.24	6.55
建档立卡调出户	6.27	6.33
全部住户样本	5.15	6.14

四　健康状况

课题组在问卷调查中，设置了家庭成员"当前健康状况"这一问题，并将该问题的答案设置为"①健康②长期慢性病③患有大病④残疾"。本文将"当前健康状况"选项为"健康"的住户成员定义为身体健康，将"当前健康状况"选项为"长期慢性病""患有大病""残疾"的住户成员定义为身体不健康。表3-7列出了店子村全部住户样本家庭成员的健康状况。

从表3-7可以看出，在全部住户样本3.06人的家庭平均人口中，身体健康成员平均人数为2.19人，身体不健康成员平均人数为0.87人，分别占家庭人口的60.65%和39.35%；在建档立卡户家庭平均人口2.35人中，身体健康成员平均人数为1.08人，身体不健康成员平均人数为

表3-7 2016年店子村住户样本家庭成员健康状况

住户样本类型	家庭人口（人）	身体健康成员平均（人）	身体健康成员占家庭人口比例（%）	身体不健康成员平均（人）	身体不健康成员占家庭人口比例（%）
建档立卡户	2.35	1.08	37.28	1.27	62.72
一般贫困户	3.18	2.36	70.15	0.82	29.85
低保户	1.91	0.5	20	1.41	80
低保贫困户	2.95	1.52	47.38	1.43	52.62
五保户	1	0.67	66.67	0.33	33.33
脱贫户	1	0	0	1	100
非建档立卡户	3.64	3.10	79.94	0.53	20.06
非贫困户	3.60	3.11	80.32	0.49	19.68
建档立卡调出户	4.67	3	69.44	1.67	30.56
全部住户样本	3.06	2.19	60.65	0.87	39.35

1.27 人，分别占家庭人口的 37.28% 和 62.72%；在非建档立卡户家庭平均人口 3.64 人中，身体健康成员平均人数为 3.10 人，身体不健康成员平均人数为 0.53 人，分别占家庭人口的 79.94% 和 20.06%。建档立卡户与非建档立卡户相比较，建档立卡户家庭人口规模小，身体健康成员人数少，占家庭人口比例低，而非建档立卡户家庭人口规模大，身体健康成员人数多，占家庭人口比例高。

在建档立卡户中，一般贫困户家庭平均人口 3.18 人，身体健康成员平均人数为 2.36 人，身体不健康成员平均人数为 0.82 人，分别占家庭人口的 70.15% 和 29.85%；低保贫困户家庭平均人口 2.95 人，身体健康成员平均人数为 1.52 人，身体不健康成员平均人数为 1.43 人，分别占家庭人口的 47.38% 和 52.62%；低保户家庭平均人口 1.91 人，身体健康成员平均人数为 0.5 人，身体不健康成员平均人数为 1.41 人，分别占家庭人口的 20% 和 80%。在以上三类住户中，一般贫困户家庭人口规模最大，身体健康成员人数最多，占家庭人口比例最高；其次是低保贫困户；低保户则是家庭人口规模最小，身体健康成员人数最少，占家庭人口比例最低。

总之，在店子村全部住户样本中，建档立卡户与非建档立卡户相比，建档立卡户家庭人口规模小，身体健康成员人数少，占家庭人口比例低，而非建档立卡户家庭人口规模大，身体健康成员人数多，占家庭人口比例高；一般贫困户、低保贫困户、低保户与非贫困户相比，非贫困户家庭人口规模最大，身体健康成员人口数最多，占家庭人口比例最高。与受教育程度相同，身体健康状况作为个人人力资本另一个重要组成部分，对个人及家庭的收入水平具有重要影响。从店子村不同类型住户家庭成员的健康状况来看，收入较高的住户类型身体健康成员人数较多，占家庭人口的比例也比较高。反之，收入较低的住户类型身体健康成员人数较少，占家庭人口的比例也比较低，这种状况正好体现了健康人力资本作为一种重要的资源禀赋对个人及家庭收入水平的重要影响。

五　劳动力非农就业

课题组在问卷调查中，设置了家庭成员"务工状况"和"务工时间"两个问题，对"务工状况"问题设置的答案选项为"①乡镇内务工②乡镇外县内务工③县外省内务工④省外务工⑤其他"，对"务工时间"问题设置的答案选项为"①3个月以下②3~6个月③6~12个月④无"。根据课题组调查数据，本文将住户成员对"务工状况"的答案选择为"①乡镇内务工②乡镇外县内务工③县外省内务工④省外务工"任何一项定义为该成员从事非农就业；进一步地，将从事非农就业并且对"务工时间"的答案选择为"③6~12个月"选项定义为该成员从事迁移就业或异地转移就业，从事非农就业并且对"务工时间"的答案选择为"①3个月以下②3~6个月"定义为该成员从事本地非农就业或就地转移就业。表3-8列出了店子村住户样本家庭成员从事非农就业的状况。

从表 3-8 可知，店子村全部住户样本劳动力平均人数为 1.77 人，其中从事非农就业的劳动力平均人数为 1.13 人，非农就业劳动力占住户劳动力的比例为 62.19%；在从事非农就业的劳动力中，在本地从事非农就业的就地转移劳动力为 0.75 人，在本乡镇外从事非农就业的异地转移劳动力为 0.39 人，二者分别占全部劳动力人数的 40.92% 和 21.28%。建档立卡户与非建档立卡户相比较，建档立卡户不仅劳动力平均人数较少，非农就业劳动力人数也较少，非农就业劳动力占全部劳动力的比例也比较低；建档立卡户非农就业劳动力中，就地转移劳动力人数及其占全部劳动力的比例也比较低，异地转移劳动力人数占全部劳动力的比例则较高。与此相反，非建档立卡户则呈现劳动力平均人数较多，非农就业劳动力人数及其占全部劳动力的比例较大；在非建档立卡户非农就业劳动力中，就地转移劳动力人数及其占全部劳动力的比例较高，异地转移劳动力人数占全部劳动力的比例则较低。

在建档立卡户中，一般贫困户劳动力平均人数和非农就业劳动力平均人数都是最多的，分别为 1.91 人和 1.45 人；一般贫困户非农就业劳动力占住户全部劳动力的比例也最高，接近 80%；就非农就业的两种形式来看，同样是一般贫困户的就地转移劳动力和异地转移劳动力人数最多，都占到住户全部劳动力的将近 40%。与一般贫困户相比，低保户与低保贫困户呈现劳动力总量少、非农就业劳动力少、非农就业劳动力占住户全部劳动力比例低的特

表3-8 2016年店子村住户样本劳动力非农就业状况

住户样本类型	劳动力人数	非农就业劳动力人数	非农就业劳动力占住户劳动力比例（%）	就地转移就业劳动力人数	就地转移就业劳动力占住户劳动力比例（%）	异地转移就业劳动力人数	异地转移就业劳动力占住户劳动力比例（%）
建档立卡户	0.96	0.62	55.21	0.35	30.63	0.27	24.58
一般贫困户	1.91	1.45	78.79	0.73	38.10	0.73	38.10
低保户	0.50	0.26	35.90	0.18	20.51	0.09	15.38
低保贫困户	1.43	0.90	54.69	0.52	34.90	0.38	19.79
五保户	0	0	—	0	—	0	—
脱贫户	0	0	—	0	—	0	—
非建档立卡户	2.44	1.56	65.69	1.07	46.06	0.49	19.63
非贫困户	2.44	1.56	65.69	1.07	46.06	0.49	19.63
建档立卡调出户	3.33	1.67	58.33	1	41.67	0.67	16.67
全部住户样本	1.77	1.13	62.19	0.75	40.92	0.39	21.28

点。一般贫困户与非贫困户相比，一般贫困户在劳动力平均总人数和非农就业劳动力平均总人数上低于非贫困户，但其非农就业劳动力占住户劳动力的比例高于非贫困户；就两种非农就业形式来看，非贫困户就地转移劳动力人数及其占住户劳动力的比例高于一般贫困户，而一般贫困户异地转移劳动力人数及其占住户劳动力的比例则高于非贫困户。

第四节　农户家庭收支状况

一　农户家庭收入水平及收入构成

表 3-9 列出了店子村 2016 年住户样本的家庭收入水平及收入构成。下面根据表 3-9，对店子村农户家庭收入水平及收入构成进行分析。

第一，店子村农户的收入水平。2016 年，店子村全部住户样本的家庭人均纯收入为 8956.40 元。图 3-1 为店子村与全国农村及全国贫困地区农村居民平均收入水平的比较。从图 3-1 可以发现，2016 年店子村农村居民平均收入水平和全国贫困地区农村居民平均收入水平大致相当，但远低于全国农村地区平均水平。

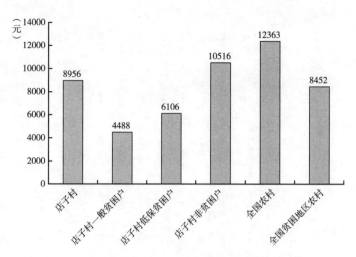

图 3-1　2016年店子村与全国农村及全国贫困地区农村居民平均收入水平的比较

资料来源：店子村住户样本收入资料来源于课题组问卷调查，全国农村居民人均可支配收入和全国贫困地区农村居民人均可支配收入来源于国家统计局住户调查办公室编《2017中国农村贫困监测报告》，中国统计出版社，2017。

就店子村内部各种类型农户来看，非建档立卡户家庭人均纯收入10152.57元，占其中绝大多数的非贫困户10516.07元，建档立卡户家庭人均纯收入7507.54元，前者比后者高出大约3000元。在建档立卡户中，低保户家庭人均纯收入为8644.62元，低保贫困户家庭人均纯收入为6106.18元，二者均高于一般贫困户的家庭人均纯收入4488.03元。从图3-1可以看出，店子村非贫困户平均收入水平要高于全国贫困地区农村居民平均收入水平，低于全国农村居民平均收入水平；一般贫困户和低保贫困户平均收入水平则都低于全国贫困地区农村居民平均收入水平，更远低于全国农村居民平均收入水平。

单位：元

表3-9　2016年店子村住户样本的家庭收入水平及收入构成

家庭收入类型	全部住户样本	建档立卡户	其中：一般贫困户	低保户	低保贫困户	五保户	脱贫户	非建档立卡户	其中：非贫困户	建档立卡调出户
家庭人均纯收入	8956.40	7507.54	4488.03	8644.62	6106.18	5580	22390	10152.57	10516.07	95.55
工资性收入	2412.45	1449.29	1872.72	695.29	2793.33	0	0	3207.61	3323.56	0
家庭经营净收入	3314.43	840.52	1763.10	519.60	1076.98	0	0	5356.85	5550.23	6.66
家庭农业经营净收入	652.33	346.69	275.98	119	834.92	0	0	904.66	952.46	−417.77
家庭非农业经营净收入	2662.10	493.83	1487.12	400.60	242.06	0	0	4452.18	4597.76	424.44
财产性收入	345.11	253.73	140	396.51	113.96	0	300	420.56	435.76	0
转移性收入	2884.40	4963.98	712.19	7033.20	2121.89	5580	22090	1167.53	1206.52	88.88
赡养性收入	707.21	1025.82	181.81	1945.58	223.01	0	0	444.18	460.24	0
低保金收入	466.66	1025.15	139.39	1319.16	980.04	1180	1140	5.58	5.78	0
养老金、离退休金收入	258.39	405.49	68.18	568.67	328.80	0	900	136.95	141.90	0
报销医疗费	977.77	1932.58	210.22	2498.01	474.68	0	20000	189.49	193.13	88.88
礼金收入	134.28	0	0	0	0	0	0	245.15	254.01	0
补贴性收入（救济、农业及其他）	340.06	574.93	112.57	701.76	115.34	4400	50	146.16	151.44	0

注：由于脱贫户和建档立卡调出户调查户抽样过少，分别仅有2户和3户，也基本上已经不再从事生产劳动，其调查问卷质量不高，故本文以后的分析中将不再将其纳入其中。

第二，店子村农户的收入构成。2016年，在店子村农户8956.40元的家庭人均纯收入中，工资性收入、家庭经营净收入、财产性收入、转移性收入分别是2412.45元、3314.43元、345.11元、2884.40元，家庭经营净收入占比最高，为37.01%；其次是转移性收入，约为32.20%；再次是工资性收入，为26.94%；财产性收入占比最低，为3.85%。

就店子村内部各种类型农户来看，在建档立卡户7507.54元的家庭人均纯收入中，转移性收入高达4963.98元，占66.1%；其次是工资性收入，占19.3%；家庭经营净收入水平较低，仅为840.52元，占11.2%；最后是财产性收入，占3.4%。在建档立卡户所包括的三种主要住户类型中，作为三种主要收入来源的工资性收入、家庭经营净收入和转移性收入在家庭总收入中所占的重要性呈现截然不同的特征，对一般贫困户来说，工资性收入占比最大，其次是家庭经营净收入，再次是转移性收入，三者依次分别为41.7%、39.3%和15.9%；对低保贫困户来说，工资性收入占比最大，其次是转移性收入，再次是家庭经营净收入，三者依次分别为45.7%、34.7%和17.6%；对低保户来说，则是转移性收入占比最大，高达81.4%，工资性收入和家庭经营净收入占比均比较低，分别为8.0%和6.0%。一般贫困户、低保贫困户和低保户三类建档立卡户的收入构成之所以呈现上述不同特征，主要是由于三类住户性质不同，其家庭成员年龄构成、健康状况不同，从亲属获取赡养性收入和从政府获取医疗费报销收入、低保金收入、离退休收入、其他补贴收入等金额多少存在较大差异。对于非建档立卡户的非贫困户来说，在其10516.07元的家庭人均纯收入中，最为重要的家庭经营净收入5550.23元，占52.8%；其次是工资性收入，3323.56元，占31.6%；转移性收入1206.52元，占11.5%。非贫困户家庭成员年龄结构更为年轻化，劳动力较多，健康状况较好，同时也拥有较好的生产性固定资产和土地等，使其家庭经营净收入和工资性收入均比较高，转移性收入相对较少。对于各种类型住户来说，在构成家庭总收入的四种收入来源——工资性收入、家庭经营净收入、财产性收入、转移性收入中，财产性收入都是数额最少、占比最小的收入来源，这也是农村居民财产拥有量低、可转让性差等现实状况所决定的。

为了将店子村农户家庭收入构成与全国农村居民家庭收入构成进行比较，图3-2显示了2016年店子村、全国农村、全国贫困地区农村居民各项收入来源的构成情况。从图3-2中可以看出，在各项家庭收入来源中，店子村农户的工资性收入所占比重低于全国贫困地区农村，全国贫困地区农村又低于全国农村；店子村家庭经营净收入所占比重低于全国农村，全国农村又低于全国贫困地区农村；店子村转移性收入所占比重高于全国贫困地区农村，全国贫困地区农村又高于全国农村；而店子村、全国农村、全国贫困地区农村住户的财产性收入占比均非常低。

进一步考察店子村一般贫困户、低保贫困户、非贫困户家庭收入构成与全国农村、全国贫困地区农村住户家庭收入构成的差别，可以发现，店子村一般贫困户工资性收入所占比重与全国农村水平大致相当，但高于全国贫困地区农村；家庭经营净收入所占比重与全国农村和全国贫困地区农村大致相同；转移性收入所占比重低于全国农村和全国贫困地区农村。低保贫困户工资性收入所占比重和转移性收入所占比重均高于全国农村和全国贫困地区农村水平，但家庭经营净收入所占比重远低于全国农村和全国贫困地区农村水平。非贫困户工资性收入所占比重和转移性收入所占比重均低于全国农村和全国贫困地区农村水平，但家庭经营净收入所占比重远高于全国农村和全国贫困地区农村水平。

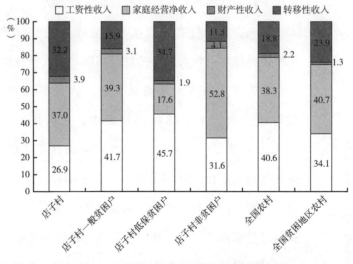

图3-2 2016年店子村与全国农村居民收入构成

资料来源：店子村住户样本收入资料来源于课题组问卷调查，全国农村居民人均可支配收入和全国贫困地区农村居民人均可支配收入来源于国家统计局住户调查办公室编《2017中国农村贫困监测报告》，中国统计出版社，2017。

一般来说，工资性收入和家庭经营净收入是农户依赖自身人力资本、物质资本等资源禀赋所获取的收入，其水平高低是农户自身资源禀赋大小和经济能力高低的反映。与全国农村及全国贫困地区农村相比而言，店子村农户的工资性收入和家庭经营净收入的数额和比重均比较低，表明店子村农户自身人力资本、物质资本等资源禀赋相对缺乏与不足。就店子村一般贫困户来说，虽然其工资性收入和家庭经营净收入在总收入中所占的比重与全国农村或全国贫困地区农村住户的水平大致相等或高于后者，但其数额依然非常低，表明店子村贫困农户自身资源禀赋依然不足，经济能力依然较低。相比之下，店子村非贫困户工资性收入数额和所占比重均低于全国农村平均水平，但家庭经营净收入数额和所占比重均高于全国农村平均水平，表明店子村非贫困户具有较强的自我发展能力。

第三，店子村农户的收入满意度。表3-10列出了店子村住户样本对收入水平的高低判断和收入满意度评价。

首先来看收入水平高低判断。从表3-10可以看出，在对本户收入水平的高低判断中，全村住户样本中有55.41%选择了"一般"，有26.11%选择了"较低"，选择其他选项的比例都不足10%。在全部住户样本中，除选择"一般"的之外，选择"较低"和"非常低"的比例之和超过了选择"较高"和"非常高"的比例之和。

对比建档立卡户和非建档立卡户可知，建档立卡户选择"一般"的比例为45.07%，低于非建档立卡户这一选择的比例63.95%；建档立卡户收入选择"较低"和"非

表3-10 2016年店子村住户样本对收入水平主观判断和收入满意度

住户样本类型	收入水平主观判断（%）						收入满意度（%）					
	非常高	较高	一般	较低	非常低		非常满意	比较满意	一般	不太满意	很不满意	
建档立卡户	1.41	2.82	45.07	36.62	11.27		2.82	9.86	43.66	35.21	7.04	
一般贫困户	0	0	45.45	36.36	9.09		0	9.09	36.36	45.45	9.09	
低保户	2.94	5.88	44.12	32.35	14.71		5.88	11.76	50.00	26.47	5.88	
低保贫困户	0	0	52.38	42.86	4.76		0	4.76	42.86	42.86	9.52	
五保户	0	0	0	33.33	33.33		0	0	33.33	33.33	0	
脱贫户	0	0	50.00	50.00	0		0	50	0	50	0	
非建档立卡户	2.33	11.63	63.95	17.44	4.65		4.65	27.91	44.19	18.60	4.65	
非贫困户	2.41	12.05	65.06	18.07	2.41		4.82	28.92	43.37	18.07	4.82	
建档立卡调出户	0	0	33.33	0	66.67		0	0	66.67	33.33	0	
全部住户样本	1.91	7.64	55.41	26.11	7.64		3.82	19.75	43.95	26.11	5.73	

注：由于含若干部分缺失值，各项收入水平主观判断选项占比之和和各项收入满意度选项占比之和不一定等于100%。

常低"的比例要远高于非建档立卡户，选择"非常高"和"较高"的比例则低于非建档立卡户。建档立卡户和非建档立卡户在上述选项上所体现的差异正是前者收入低于后者收入的反映。进一步地，在一般贫困户、低保贫困户、低保户和非贫困户之间，其收入水平高低顺序为：非贫困户＞低保户＞低保贫困户＞一般贫困户，导致一般贫困户、低保贫困户、低保户选择"较低"和"非常低"的比例要高于非贫困户，选择"一般"的比例则要低于非贫困户；此外，收入最低的一般贫困户、低保贫困户中选择"非常高"和"较高"这两个选项的比例为零，相比之下，低保户中选择"非常高"和"较高"这两个选项的比例分别为2.94%和5.88%，收入最高的非贫困户选择"非常高"和"较高"这两个选项的比例则分别为2.41%和12.05%。一般贫困户、低保贫困户、低保户和非贫困户之间对收入水平高低的主观判断的差异，也基本反映了本身实际收入水平的高低差异。

其次来看收入满意度评价。表3-10同时列出了各类型住户样本的收入满意度评价。在对收入满意度的评价中，全村住户样本中有43.95%选择了"一般"，这一比例是最高的；其次是"不太满意"，占26.11%；再次是"比较满意"，占19.75%；选择其余两个选项"非常满意"和"很不满意"的比例均非常低，不足10%。在全部住户样本中，除选择"一般"的之外，选择"不太满意"和"非常不满意"的比例之和超过了选择"比较满意"和"非常满意"的比例之和，但其比例数字差距要低于前述在收入水平高低判断选项中选择"较低""非常低"的比例之和与选择"较高""非常高"的比例之和的数字差距。这一方面表明村民对收入不满意者多于收入满意者，另一方面也说明村民的收入满意度评价差距要低于现实生活中的实际收入差距。

对比建档立卡户和非建档立卡户可知，二者收入满意度评价选择"一般"的比例相似，均为44%左右，但由于前者收入水平低于后者，因此前者收入满意度评价选择"不太满意"和"很不满意"的比例之和超过了后者；相应地，前者收入满意度评价选择"比较满意"和"非常满意"的比例之和则要低于后者。进一步地，在一般贫困户、低保贫困户、低保户和非贫困户之间，同样由于非贫困户 > 低保户 > 低保贫困户 > 一般贫困户的收入水平高低顺序，一般贫困户、低保贫困户选择"不太满意"和"非常不满意"的比例之和高于低保户，低保户又高于非贫困户；相应地，一般贫困户、低保贫困户选择"比较满意"和"非常满意"的比例之和低于低保户，低保户又低于非贫困户。上述各类型农户之间收益满意度评价的差异也反映了实际收入水平的差异。

总之，通过对店子村农户收入水平、收入构成及其与全国农村和全国贫困地区农村比较的分析，可以发现店子村农户收入水平相对较低，代表其人力资本和物质资本水平的工资性收入和家庭经营净收入的数额和比重均比较低，其中的贫困户（一般贫困户和低保贫困户）收入水平更低，资源禀赋更为匮乏，自我发展能力更为贫弱。不同类型农户之间对自身收入水平高低判断和收入满意度评价的差异，基本反映了实际收入水平的差异。为了加快店子村经济发展步伐，缩小店子村村民与全国农村居民平均收入水平之间存在的较大差距，同步实现全面小康的目标，政府和社会给予其一定的引导和帮扶是有必要的。

二　农户家庭消费水平

表3-11列出了2016年店子村住户样本的家庭消费水平及消费构成。下面根据表3-11，对店子村农户家庭消费水平及消费构成进行分析。

第一，店子村农户的消费水平。2016年，店子村全部住户样本的家庭人均消费支出为4599.10元。图3-3为店子村与全国农村及全国贫困地区农村居民人均消费水平的比较。从图3-3可以发现，2016年店子村农村居民人均消费支出低于全国贫困地区农村平均水平，更低于全国农村平均水平，具体来说，相当于全国贫困地区农村平均水平的62.73%、全国农村平均水平的45.40%。

就店子村内部各种类型农户来看，非建档立卡户家庭人均消费支出4729.64元，由于收入水平较高的缘故，非建档立卡户比建档立卡户家庭人均消费支出高出将近300元。在非建档立卡户中，基本都是非贫困户，其家庭人均消费支出是4835.07元，比建档立卡户家庭人均消费支出高出将近400元。在建档立卡户中，同样由于收入水平的

表3-11 2016年店子村住户样本的家庭消费支出

单位：元

住户样本类型	家庭人均消费支出	其中：食品支出	报销后医疗支出	教育支出	养老保险费	合作医疗保险费	礼金支出
建档立卡户	4440.59	1721.82	1785.45	411.21	38.70	5.87	349.60
一般贫困户	3540.62	1288.04	253.40	977.27	62.27	3.63	777.27
低保户	4945.53	1819.03	2689.43	60.19	49.21	7.03	200.88
低保贫困户	4175.11	1875.58	887.66	814.38	18.57	4.10	449.60
五保户	1201.33	1166.66	0	34.66	0	1	0
脱贫户	8320	1750	6500	0	0	24.5	0
非建档立卡户	4729.64	2088.44	455.74	841.69	55.30	3.97	1201.74
非贫困户	4835.07	2151.12	460.67	848.02	56.29	3.94	1232.83
建档立卡调出户	1848.05	375	319.44	666.66	27.77	4.80	341.66
全部住户样本	4599.10	1922.87	1052.41	650.06	47.79	4.83	816.38

差异，低保户的家庭人均消费水平高于低保贫困户，低保贫困户又高于一般贫困户，低保贫困户和一般贫困户又都低于非贫困户。从图3-3中可以看出，店子村各种类型农户的家庭人均消费水平均远低于全国农村和全国贫困地区农村的平均水平。

第二，店子村农户的恩格尔系数。恩格尔系数指居民家庭食物支出占消费总支出的比重。德国统计学家恩格尔根据经验统计资料发现，家庭收入水平越低，家庭支出中用来购买食物的支出所占的比例就越大；随着家庭收入的增加，家庭支出中用来购买食物的支出将会下降。长期以来，恩格尔系数被当作一个衡量居民富裕程度和福利水平的重要指标。图3-4为2016年店子村与全国农村及全国

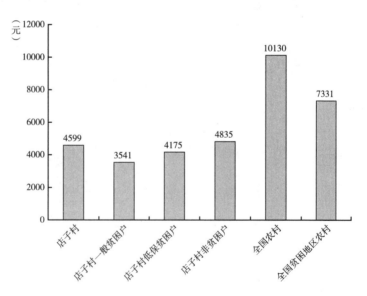

图3-3 2016年店子村与全国农村及全国贫困地区农村居民人均消费支出

资料来源：店子村住户样本消费支出资料来源于课题组问卷调查，全国农村居民人均消费支出和全国贫困地区农村居民人均消费支出来源于国家统计局住户调查办公室编《2017中国农村贫困监测报告》，中国统计出版社，2017。

贫困地区农村居民的恩格尔系数。

从图 3-4 可以看出，2016 年，店子村的恩格尔系数为 0.418，高于全国贫困地区农村居民的恩格尔系数（0.350），更是高于全国农村居民的恩格尔系数（0.322）。就店子村各种住户类型来看，一般贫困户、低保户和低保贫困户的恩格尔系数也都高于全国农村居民和全国贫困地区农村居民的水平。这是店子村农民收入和福利水平低于全国贫困地区农村居民和全国农村居民的现实反映。

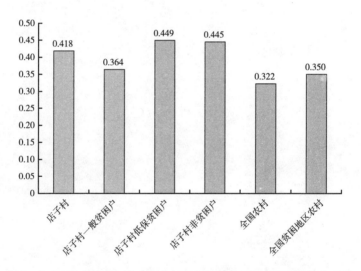

图 3-4　2016 年店子村与全国农村及全国贫困地区农村居民恩格尔系数

资料来源：店子村住户样本恩格尔系数来源于课题组问卷调查，全国农村居民人均消费支出和全国贫困地区农村居民恩格尔系数来源于国家统计局住户调查办公室编《2017 中国农村贫困监测报告》，中国统计出版社，2017。

第四章

店子村贫困状况与扶贫工作

第一节　店子村贫困状况

一　贫困规模

2014 年，中国开始启动针对贫困人口的建档立卡工作。在此之前，中国只有贫困人口的统计数量，并不知道谁才是真正的贫困人口。建档立卡是各级政府对贫困户和贫困村建立档案，设置卡片，对贫困人口进行精准识别，在此基础上开展帮扶行动。显而易见，对贫困人口开展建档立卡工作是开展精准扶贫精准脱贫工作的基础和前提。表 4-1 列出了店子村全部住户类型的数量分布及其人口比例。截至 2016 年底，在店子村全部 1084 个住户中，共有建档立卡户145个，非建档立卡户939个，分别占全部住户的13.38%和86.62%；建档立卡户人口294人，非建档立卡户人口2729人，分别占店子村全部人口的9.73%和90.27%。在145个建档立卡户中，最多的是低保户，有80个；其次是低保贫困户，有31个；脱贫户有18个；一般贫困户11个；最少的五保户有5个。

表4-1 2016年店子村全部住户类型分布

住户样本类型	住户		人口	
	数量（个）	比例（%）	数量（人）	比例（%）
建档立卡户	145	13.38	294	9.73
一般贫困户	11	1.01	23	0.76
低保户	80	7.38	119	3.94
低保贫困户	31	2.86	83	2.75
五保户	5	0.46	5	0.17
脱贫户	18	1.66	64	2.11
非建档立卡户	939	86.62	2729	90.27
全部住户样本	1084	100	3023	100.00

根据表4-1，截至2016年底，店子村被纳入建档立卡系统的人口占全村人口的9.73%，其中，2016年底已经脱贫的人口占2.11%，低保户人口和五保户人口分别占3.94%和0.17%，一般贫困户人口占0.76%，低保贫困户人口占2.75%。在建档立卡户中，把脱贫户、低保户、五保户减去，剩余的一般贫困户和低保贫困户的人口占总人口的3.51%。

二 致贫原因

在建档立卡系统中有贫困户致贫原因指标，对这些致贫原因的统计可以得出不同原因致贫比例。课题组行政村问卷调查选项中仅列出了当前中国农村地区最为重要的三种致贫原因——因病致贫、因学致贫、因缺劳动力致贫。图 4-1 为2014~2016 年店子村贫困人口三大主要致贫原因的分布情况。

从图 4-1 可以发现，2014~2016 年，因病致贫、因学致贫、因缺劳动力致贫的人口比例在店子村建档立卡贫困人口中的分布基本上变化不大。在这三年中，缺劳动力一直是贫困人口陷入贫困状态的最主要原因，因缺劳动力致贫人口占全部建档立卡贫困人口的比例一直在 63% 左右；店子村第二大致贫原因是因病致贫，因病致贫人口占全部建档立卡贫困人口的比例为 27%~29%；第三个致贫原因是因学致贫，其人口占全部建档立卡贫困人口的比例为 7.8%~10.3%，2016 年相比前两年少许上升，达到 10.3%。

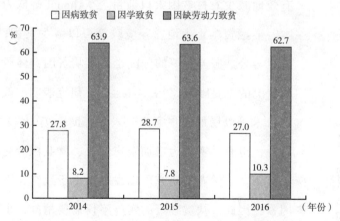

图 4-1　2014~2016 年店子村贫困人口主要致贫原因

由此可见，缺乏劳动力和身体健康不佳，一直是店子村建档立卡贫困人口的主要致贫原因。高素质劳动力和身体健康是人力资本的两大主要载体，对于店子村建档立卡贫困人口来说，劳动力缺乏和身体健康不佳导致其家庭人力资本水平不足，进而导致其陷入贫困状态。在精准扶贫、精准脱贫工作中，需要因"病"施策，着力提高贫困群体的人力资本水平，方能更为有效地实现政策目标，达到精准扶贫精准脱贫的目的。

第二节　店子村扶贫措施

已有研究表明，扶贫政策对于贫困群体的脱贫具有重要作用。Irz et al. 指出，农业产业发展这一干预措施能够有效地减少农村贫困人口数量。[1]Ahmed 则认为，人力资本、金融资本、土地、环境政策可以减少贫困，而教育、卫生等公共服务资源的分配也是影响贫困群体脱贫及其福利状况的重要因素。[2]Kassie et al. 研究表明，改进农业生产技术可以增加农户家庭收入，有助于减少农村贫困。[3]此外，也有学者认为增加农户创业、就业机会有助于其摆脱贫困。从学者的研究可以发现，由于致贫原因并非单一因素，因此，扶贫政策的实施不仅需要精准，也需要多样

---

[1] Irz., X, L. Lin, C. Thirtle, and S. Wiggins. "Agricultural productivity growth and poverty alleviation", *Development Policy Review*, 2001, 19 (4): 449–466.

[2] Ahmed, H. "Zakah, Macroeconomic Policies, and Poverty Alleviation: Lessons from Simulations on Bangladesh", *Journal of Islamic Economics, Banking and Finance*, 2008, 4 (2): 81–105.

[3] Kassie, M, B. Shiferaw, and G. Muricho. "Agricultural Technology, Crop Income, and Poverty Alleviation in Uganda", *World Development*, 2011, 39 (10): 1784–1795.

化。对于地处偏远山区的店子村来说，同样需要因地制宜，根据致贫原因和自身优势，精准施策。

表4-2列出了2015年和2016年店子村的扶贫发展干预项目。从表中可以看到，在这两年里，店子村的扶贫项目涉及道路建设、农田水利、饮水安全、居住改善、发展生产、易地搬迁等多个方面；从扶贫项目资金规模来说，店子村的扶贫措施主要集中于基础设施建设、发展产业两个方面。

表4-2 2015年和2016年店子村扶贫发展干预项目

扶贫项目	2015年	2016年
新建通村沥青（水泥）路		
道路长度（公里）	3.2	1.6
受益户（个）		320
总投资（万元）	130	50
财政专项扶贫资金（万元）	130	50
小型水利工程		
数量（个）		2
受益户（个）		136
总投资（万元）		30
新建自来水入户		
数量（户）		60
总投资（万元）		20
行业部门资金（万元）		20
新建蓄水池（窖）		
数量（个）		1
受益户（个）		50
总投资（万元）		4
行业部门资金（万元）		4
危房改造		
受益户（个）	31	30
总投资（万元）	22.23	13.6
财政专项扶贫资金（万元）	22.23	13.6
培育合作社		
数量（个）	2	1
受益户（个）	160	
总投资（万元）	466	45
财政专项扶贫资金（万元）	166	45
群众自筹资金（万元）	300	
易地扶贫搬迁		
受益户（个）		3
宽带入户		
受益户（个）	10	15

首先是基础设施建设。店子村属乌蒙山喀斯特地形，以丘陵、山地为主，平均海拔 1600 米，交通条件十分不便，截至 2016 年底，全村已有通村硬化道路 12 公里，路面宽度 4.5 米；村内通组道路共有 10 公里，但仍有 3.3 公里未硬化路段。由于地处丘陵地带，道路建设投资不够，已建硬化道路等级较低，缺乏有效管理养护；村内通组公路已硬化路段路面较窄，道路建设质量较差，未通组公路依然较长，路面凹凸不平，通行极为不便。总的来看，店子村道路基础设施依然较为落后，给广大村民的生活带来了极大的不便，并给全村经济发展和脱贫致富带来较大的现实性困难。对于店子村的广大干部群众来说，"要想富、先修路"是真真切切的感受。2015~2016 年，店子村利用财政专项扶贫资金 180 万元，硬化村内道路 4.8 公里，受益农户达 320 个（含贫困户和非贫困户）；此外，店子村还开展了小型水利工程、宽带入户等基础设施建设，极大改善了广大村民的生产生活条件。但总的来说，店子村依然存在道路等级较低、基础设施条件较差的基本村情，建设任务依然繁重。

其次是发展产业。产业发展是贫困地区脱贫的主要途径，也是使得脱贫具有可持续性的重要保障。为实现产业精准扶贫，大方县采取"政府引导＋专业合作社＋公司＋基地农户（贫困户）"的运行模式，组建专业合作社，由县农投公司申请基金投入流转土地、采购苗木、管护、采收等环节。2015~2016 年，店子村总投资 511 万元培育 3 个农民合作社发展，其中财政专项扶贫资金 211 万元，群众自筹资金 300 万元，全村受益户达 160 个（含贫困户和非贫困户）。店子村成立农民合作社之后，通过流转农民土地形成规模化经营，并改变原来以玉米、土豆等传统粮食作物为主的种植结果，改以花卉、蔬菜、水果为主要种植品种，经济效益大大提高。贫困户将土地流转入合作社后，既可以获取每年每亩 800 元的土地流转租金，又可以受雇于合作社每月获得务工收入，最终还可以获得合作社经营分红收入。在收益分成方面，公司、合作社、一般农民按照 6：2：2 的比例进行分红，对贫困户则采用 2：1：7（公司、合作社、贫困户）的比例分红，充分保障贫困户的利益最大化。

除大力发展种植业脱贫致富以外，店子村还充分发挥彝族文化、生态文化优势，抓住美丽乡村、民族团结示范村、民族特色旅游村建设的机遇，努力走"建美丽村、吃旅游饭、脱贫困帽"的脱贫致富之路。在发展旅游产业脱贫致富方面，店子村主要打造了火封丫彝族村寨、千亩蔬菜瓜果采摘基地、蒙古族风情园等旅游景点，特别是火封丫彝族村寨，已经成为店子村的一张民族文化旅游名片。

火封丫自然村总面积 1.2 平方公里，主要村民为彝族，村容村貌具有显著的彝族文化元素。火封丫颇具历史特色的木屋、石墙和小巷，依山而建、顺势而筑，以山秀水美的乡村田园风光和黔西北彝族农耕文化为特色，以保存较为完善的古村落乡愁记忆为灵魂，勾勒出一幅山水相依、山青水绿，人居和谐、男耕女织，悠然自得、生活富足，犹如世外桃源般的乡村画卷。早在 2013 年，火封丫村民就成立了圆康果蔬专业合作社，流转闲置土地950亩种上水果蔬菜，通过争取"一事一议"项目支持新修硬化了进寨公路。2015年底，按照市县"四在农家·美丽乡村"建设的总体要求，火封丫因产业发展好、基础设施相对完善而被定为市领导挂帮联系建设的创建点。之后，火封丫村民以房屋入股联营发展，先后实施"贵州民居"改建65户，完成庭院改造15户，开挖旅游步道1.2公里，累计完成排污管道1.5千米，改建公厕1个，完成牛圈改建茶吧咖啡吧两个，启动建设文化小广场1个，同时整合圆康果蔬专业合作社的资金，开挖鱼塘25亩，新建大型游泳池2700平方米，新建游客接待中心1个，改建乡村农家乐1处、乡村旅馆5家，将火封丫打造成为"体验农耕文化、还原乡愁记忆、休闲避暑型"乡村旅游村寨。店子村依托当地彝族文化资源，把民族文化元素充分融入乡村建设中，村民们的旧房也一律被保存，或改造为极富彝族文化特色的民居。村里组建了彝族文艺表演队，在彝族火把节、端午节等传统节日表演跳锅庄、唱敬酒歌等具有浓厚彝族风情的节目。此外，村里推广米酒、熏肉、豆腐等具有彝族及地方特色的菜肴，收集整理彝族风俗、家风故事，学习和传承彝族传统舞蹈、服饰制作等技艺。凭借多年的努力发展，店子村入选贵州省"十佳美丽乡村"，火封丫彝族村寨成为远近闻名的民族文化旅游景点。2017年上半年，火封丫旅游接待累计达4万人次，旅游收入200万元，带动贫困户20户71人脱贫。

第三节　恒大集团对店子村的帮扶措施

恒大集团自 2015 年底开始启动帮扶工作至 2017 年上半年，在凤山乡累计实施产业扶贫项目 20 个，总投资 1.5 亿多元，已经建成投产 12 个，产业覆盖凤山乡贫困户 1071 户 2459 人。恒大集团帮助引进中禾恒瑞、地利集团、三元珠等上下游龙头企业，帮助凤山乡打造大方县养牛大乡，建成养牛场 5 个，稳定存栏基础母牛 2360 头，促进牧草种植和玉米密植发展 1500 亩。建成并投入运营的蔬菜大棚 780 栋、经果林 3500 亩。在恒大幸福二村易地移民搬迁点就地就近配建蔬菜基地大棚 84 栋，即将启动建设规模 200 头养牛场 1 个，配套打造凤山蒙古风情园。解决 50 名易地搬迁贫困人口家门前就业，实施搬迁贫困户配套 3 头扶贫牛和 2 个蔬菜大棚发展产业。在恒大集团对凤山乡的上述扶贫措施中，涉及店子村的帮扶措施主要包括两个方面，一是建设蔬菜种植示范基地，二是易地搬迁。

恒大集团帮扶店子村建设的蔬菜种植示范基地规划种植高山冷凉蔬菜 800 亩，分两期实施。首期实施 300 亩，第二期实施 500 亩，拟建蔬菜大棚 100 座，同时建设蔬菜育苗展示中心 1 个，含蔬菜分选中心、现代高效农业观光体验园、品牌展示中心等相关内容。该项目由恒大集团帮扶建设塑料大棚等生产性基础设施，基层政府负责完成项目"三通一平"，地利集团旗下的万达丰公司负责整个项目的营运，项目将带动全村 64 个贫困户 191 人发展蔬菜种植实现增收脱贫。项目建成后，恒大集团出资部分确权给贫困户参与入股经营，也可倒包租赁给贫困农户参与经营管理，政府投入修建的道路等基础设施部分划归店子村，作为村集体经济参与入股经营。贫困农户与涉及土地流转的非贫困户，均可到蔬菜种植基地务工，从中获得较为稳定的务工收入。

（a）

（b）

图4-2　恒大集团与地利集团合作扶贫高效蔬菜种植示范基地

恒大集团援建大方县的易地扶贫搬迁首批 10 个新农村建设项目中，幸福一村、二村、四村、五村、七村、八村、十村已搬迁入住，共搬迁 203 户 837 人，店子村已有 3 个贫困户搬迁入住幸福二村。在恒大集团的帮扶下，为使搬迁户"挪穷窝""换穷业""拔穷根"，幸福二村就近配套发展大棚蔬菜种植、养牛场、蒙古风情园等产业项目，为每个搬迁贫困户配套 3 头扶贫牛和 2 个蔬菜大棚供其发展生产、自力更生，同时依托附近的工矿企业、农民合作社等解决农村劳动力的就近就业问题，实现搬迁贫困户的就业全覆盖，真正确保贫困群众"搬得出、稳得住"，实现持续脱贫。

（a）

图 4-3　恒大集团援建大方县凤山乡幸福二村

图 4-4　幸福二村项目配套建设蔬菜种植基地

第四节　店子村扶贫成效

一　脱贫成绩

2016 年，按照大方县贫困户脱贫退出标准和退出程序，执行"乡村自查、民主评议、群众认可、签字退出"制度，完成"两公示、一公告"环节后，店子村建档立卡系统内 18 个贫困户实现脱贫，脱贫人口 64 人。按照发展生产脱贫一批、转移就业脱贫一批、易地扶贫搬迁脱贫一批、生态补偿脱贫一批、发展教育脱贫一批、社会保障兜底脱贫一批的分类，图 4-5 给出了 2016 年店子村建档立卡脱贫户各种脱贫方式的人口分布情况。

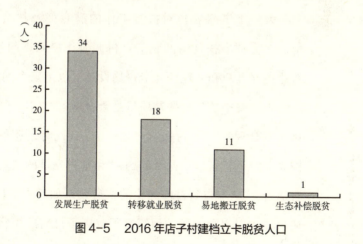

图 4-5　2016 年店子村建档立卡脱贫人口

从图 4-5 中可以看出，在 2016 年店子村全部 64 名脱贫人口中，发展生产脱贫人口最多，达到 34 人，占全部

脱贫人口的一半以上；其次是转移就业脱贫人口，有 18
人，占全部脱贫人口的 28.1%；再次是易地搬迁脱贫 11
人，占全部脱贫人口的 17.2%；生态补偿脱贫 1 人，占全
部脱贫人口的 1.6%。从以上各种脱贫人口所占比例来看，
发展生产脱贫和转移就业脱贫是 2016 年店子村贫困人口
脱贫的主要脱贫方式。在政府和社会各界的帮扶下，引导
贫困人口利用自身能力和条件，通过发展生产、转移就业
增加收入，提高生活水平，既是贫困人口实现脱贫的最有
效形式，也能增强贫困人口脱贫的可持续性，避免脱贫后
返贫现象的发生。因此，发展生产脱贫和转移就业脱贫应
当成为店子村继续开展脱贫工作的重点内容。

二 农户扶贫工作评价

为详细考察农户对扶贫工作的满意度及扶贫效果评
价，在《精准扶贫精准脱贫百村调研住户调查问卷》中，
对建档立卡户和非建档立卡户均设置了以下三个问题："政
府为本村安排的各种扶贫项目是否合理？""本村贫困户选
择是否合理？""本村扶贫效果评价"；同时，还单独对建
档立卡户设置了以下两个问题："为本户安排的扶贫措施是
否适合？""本户到目前为止的扶贫效果如何？"下面根据
住户样本对以上问题的回答来了解店子村精准扶贫工作的
效果。

表 4-3 列出了建档立卡户和非建档立卡户对本村政府
安排扶贫项目合理性、本村贫困户选择合理性和本村扶贫

效果的评价情况。从表4-3中可以看出，虽然店子村两类住户实际享受到的帮扶或补贴政策存在很大差别，但对扶贫项目合理性、贫困户选择合理性和本村扶贫效果这三方面的评价还是大体一致的。具体来说，两者对扶贫项目合理性、贫困户选择合理性持正面评价（"很合理""比较合理"）的比例都高达80%左右，对本村扶贫效果持正面评价（"很好""比较好"）的比例在60%以上。如果说二者之间存在差别，那就是非建档立卡户对上述三方面的正面评价比建档立卡户略低几个百分点，但由于差距非常小，不足以改变整体的调查结论。

表4-3　店子村住户样本对本村扶贫工作的评价

评价	建档立卡户（%）	非建档立卡户（%）
政府为本村安排的各种扶贫项目是否合理?		
很合理	33.80	17.86
比较合理	50.70	60.71
一般	8.45	14.29
不太合理	0	0
很不合理	0	2.38
说不清	7.05	4.76
本村贫困户选择是否合理?		
很合理	30.99	19.28
比较合理	53.52	54.22
一般	8.45	12.05
不太合理	0	2.40
很不合理	0	0
说不清	7.04	12.05
本村扶贫效果评价		
很好	35.22	19.05
比较好	32.39	42.85
一般	14.08	21.43
不太好	2.82	0
很不好	0	1.19
说不清	15.49	15.48

表4-4列出了建档立卡户对本户扶贫措施和扶贫效果的评价情况。从表中可以看出,建档立卡户对为本户安排的扶贫措施和本户扶贫效果的正面评价("非常适合""比较适合"或"非常好""比较好")均呈现较高的比例,达到了大约2/3。由此可见,建档立卡户自身对本户所享受的扶贫措施和扶贫效果的满意度也是比较高的,这从贫困群体的亲身感受方面反映了贫困群体大多对店子村的扶贫工作给予了正面认可,在较大程度上反映了大方县基层扶贫工作的"精准性"。

表4-4 店子村建档立卡户对本户扶贫工作的评价

评价	评价结果占比(%)
为本户安排的扶贫措施是否适合?	
非常适合	29.58
比较适合	36.62
一般	18.31
不太适合	0
很不适合	0
说不清	15.49
本户到目前为止的扶贫效果如何?	
非常好	33.80
比较好	29.58
一般	18.31
不太好	2.82
很不好	0
说不清	15.49

总的来说,店子村全部住户样本对政府安排扶贫项目合理性、本村贫困户选择合理性和本村扶贫效果的正面评价基本上是比较高的,同时,建档立卡户对为本户安排的

扶贫措施和本户扶贫效果的正面评价也比较高，说明大方县及店子村的精准扶贫工作得到了大多数基层农民群众的正面肯定和支持。当然，同时也可以看到，店子村也有相当一部分住户对扶贫工作的评价为"一般"或"说不清"，其原因可能在于，恒大集团对大方县的大规模扶贫工作刚刚开展一年多的时间，店子村所实施的猕猴桃种植、蔬菜种植、肉牛养殖等一系列产业扶贫项目还处于初始阶段，尚未获得经济效益。

第五章

调研结论、存在问题与政策建议

第一节　调研结论

本文根据"精准扶贫精准脱贫百村调研"子课题组在贵州省大方县及凤山乡店子村的调研,对大方县及店子村的精准扶贫精准脱贫工作情况进行了认真梳理和全面考察,主要得到以下研究结论。

第一,近年来,大方县国民经济与社会发展事业取得了全面快速进步,但由于经济基础薄弱,整体文化水平较为落后,地处内陆,交通不便,对外开放水平不高,其经济发展水平依然处于较低的水平,依然存在规模较大的贫困人口存量。截至 2016 年,大方县贫困发生率依然高达 17.5%,这一水平远高于贵州省 11.6% 的水平,更是全国水平4.5%的将近4倍。大方县面临着较为艰巨的脱贫攻坚任务，完成中央提出的到2020年基本消除贫困、实现全面小康的战略目标还面临着较为严峻的挑战。

第二，大方县按照中央、贵州省及毕节市关于脱贫攻坚工作的一系列部署和要求，紧抓恒大结对帮扶大方的重大机遇，务实高效地开展了精准识别、精准帮扶、精准脱贫（退出）等工作。在精准扶贫精准脱贫工作中，大方县按照"去规模、严标准、两本账、严程序"的原则开展贫困人口的精准识别工作；按照贫困村"五通四有"和贫困户"四有五覆盖"的要求，整合资金，安排项目，精准推进帮扶工作；制订贫困退出实施方案，确保贫困县摘帽、贫困村出列、贫困户脱贫按标准、按程序规范进行。

第三，恒大集团结对帮扶大方县精准脱贫，是迄今为止我国企业扶贫规模最大、参与度最深、体制最新、效率最高的案例，对于我国社会力量参与扶贫开发具有重要的实践指导意义和表率引领作用。

恒大集团三年无偿投入30亿元，帮助大方县175个贫困村、18万贫困人口整县脱贫，开创了民营企业善尽社会责任、大规模参与扶贫事业的壮举。已有的企业扶贫基本上以捐钱捐物为主，不直接参与贫困地区的经济发展和贫困群体的生产经营。但是，贫困地区及贫困群体经济资源的缺乏仅是外在表象，其内在的深层次原因则是人才、信息、管理等现代生产要素的匮乏。恒大集团创新帮扶方式，变间接帮扶为直接参与，不仅出资金，还出人才、出技术、出管理、出思路，组建专职扶贫团队常驻大方县，充分利用自身优势和资源，全方位参与贫困地区脱贫攻坚事业。恒大集团坚持"输血"与"造血"并举的原则，注重产业全链条发展与帮扶，变单一捐资为立体帮扶，通过采取综合措施，建立了全方位、系统化帮扶体系。

恒大集团在帮扶大方县精准脱贫的探索实践中形成了一系列成功经验和特色做法，为我国社会扶贫事业树立了光辉榜样，为精准扶贫提供了典型示范，具有重要的示范引领意义。

第四，大方县凤山乡店子村经济发展显示出经济结构单一、传统农业生产比较利益过低的不利局面。与非建档立卡户相比，建档立卡户劳动力不足、抚养人口负担较重，还呈现家庭人口及劳动力老龄化、身体健康状况差、受教育程度低的特点。与非建档立卡户相比，建档立卡户不仅劳动力平均人数较少，非农就业劳动力人数也较少，非农就业劳动力占全部劳动力的比例也比较低。

第五，店子村住户的收支水平及收支结构反映了当前店子村农村居民经济能力不足、经济福利水平较低的现实状况。

2016 年，全村人均纯收入 8956 元，高于大方县和贵州省农村居民平均收入水平，和全国贫困地区农村居民平均收入水平大致相当，但远低于全国农村地区平均水平。就收入结构来看，与全国农村及全国贫困地区农村相比，店子村农户的工资性收入和家庭经营净收入的数额和比重均比较低，表明店子村农户自身人力资本、物质资本等资源禀赋相对缺乏与不足。就店子村一般贫困户来说，虽然其工资性收入和家庭经营净收入在总收入中所占的比重与全国农村或全国贫困地区农村住户的水平大致相等或高于后者，但其数额依然非常低。

2016 年，店子村农村居民人均消费支出低于全国贫困地区农村平均水平，更低于全国农村平均水平，仅相当于全国贫困地区农村平均水平的 60% 左右、全国农村平均水平的 50% 左右；恩格尔系数为 0.418，高于全国贫困地区农村居民的恩格尔系数 0.350，更高于全国农村居民的恩格尔系数 0.322。就店子村各种住户类型来看，一般贫困户、低保户和低保贫困户的恩格尔系数也都高于全国农村居民和全国贫困地区农村居民的水平。这是店子村农民收入和福利水平低于全国贫困地区农村居民和全国农村居民的现实反映。

第六，截至 2016 年底，店子村被纳入建档立卡系统的人口占全村人口的 9.73%，减去其中 2.12% 的 2016 年底已脱贫人口，尚余 7.61%。因缺劳动力致贫和因病致贫是店子村建档立卡贫困人口的两大主要致贫原因。从各种脱贫人口所占比例来看，发展生产脱贫和转移就业脱贫是 2016 年店子村贫困人口脱贫的主要脱贫方式。总的来说，店子村全部住户样本对政府安排扶贫项目合理性、本村贫困户选择合理性和本村扶贫效果的正面评价基本上是比较高的，同时，建档立卡户对为本户安排的扶贫措施和本户扶贫效果的正面评价也比较高，说明大方县及店子村的精准扶贫工作得到了大多数基层农民群众的正面肯定和支持。

第二节　基层扶贫工作存在的问题

目前,我国扶贫开发已经从以解决温饱为主要任务的阶段转入巩固温饱成果、加快脱贫致富、改善生态环境、提高发展能力、缩小发展差距的新阶段。因此,《中国农村扶贫开发纲要(2011~2020年)》明确提出,"到2020年,稳定实现扶贫对象不愁吃、不愁穿,保障其义务教育、基本医疗和住房。贫困地区农民人均纯收入增长幅度高于全国平均水平,基本公共服务主要领域指标接近全国平均水平,扭转发展差距扩大趋势"。课题组在贵州省大方县及凤山乡店子村的调研工作中发现,随着精准扶贫战略的全面实施,贵州省大方县及凤山乡店子村脱贫攻坚工作取得了显著成效,但基层扶贫工作也呈现一些新情况、新问题,给精准扶贫精准脱贫工作带来新挑战。

一　对"边缘贫困"群体政策关注度不足

目前,贫困户在增收、住房、医疗等方面均能获得较高保障,随着帮扶力度加大,收入水平、资源禀赋相似的"边缘贫困"群体逐渐形成不平衡心理,对扶贫资源分配不满引发的攀比现象有所滋长。近年来,贫困村和贫困户获得大力度的资金投入和政策帮扶。贫困户(村)与非贫困户(村)在享受产业扶贫、基础设施建设、公共服务、救助政策等方面"泾渭分明",引起新的不平衡甚至矛盾。

经过较大力度的脱贫攻坚工作，无论是农户个人收入增长还是农村基础设施建设方面，不少贫困村迅速赶上并且超过非贫困村。而非贫困村的发展资金严重不足，甚至没有帮扶项目，与原来的贫困村相比，反而成了真正的"贫困村"。同时，"边缘贫困"群体的生活状况比贫困群体相差无几，甚至还低于获得扶持后的贫困家庭，使其对党和政府的农村政策产生较大的抵触心理。这种现象已经引起基层工作人员的忧虑和担心，应当成为一个值得高度重视的问题。[1]

二 贫困地区人力资源缺乏

改革开放以来，贫困地区"孔雀东南飞"现象普遍，人力资源流失严重，日益面临人力资本匮乏的局面。课题组在店子村的调研发现，对于普通农村家庭来说，农业比较效益低，本地非农产业落后，青壮年劳动力为提高收入和生活水平大多选择外出务工，村内青壮年劳动力缺乏。由于同样的原因，村"两委"组成人员年龄普遍偏大，却难以补充新鲜血液。根据凤山乡领导介绍，不只在店子村存在，这种情况在全乡各村都普遍存在，并对此显得忧心忡忡。而对于贫困户来说，缺乏劳动力或者因病、因残缺乏健康劳动力是导致其陷入贫困状态的重要原因。总的来看，贫困地区人力资源缺乏的现状已经对其农业生产、乡

---

[1] 张云华、伍振军、周群力、殷浩栋:《统筹衔接脱贫攻坚与乡村振兴的调查与启示》，《开放导报》2019年第4期，第7~11页。

村治理、脱贫发展产生了严重的不利影响。当前，城市人才、技术要素流入农村及贫困地区既面临体制障碍，又存在激励不足的问题。解决贫困地区人力资源缺乏的问题，对于实现脱贫攻坚及乡村振兴目标具有重要性和紧迫性。

三 农村经济体制改革的发展潜力未得到充分发挥

为按期完成脱贫任务，各地都在比照脱贫标准开展项目建设，尤其在基础条件较差的深度贫困地区，由于历史欠账较多，项目建设压力较大，无暇进行农村制度性改革探索。乡村资源的优化配置、经济社会的长远发展离不开农村经济体制改革的深入推进，在全国进一步深化农村改革的大背景下，忽视制度改革可能使贫困地区再次错失难得的发展机遇。

四 农村金融发展严重滞后

首先，农村金融体系发展仍不完善，政策性金融、商业性金融、合作性金融分工协作的体系尚未形成。课题组在店子村调研时发现，在当地的农村金融服务体系中，存在农信机构在信贷市场一家独大的状况；非点式的、成片分布的合作金融组织缺位；政策性金融的定位不够准确，没有代表国家对商业性和合作性金融提供辅助性支持，还可能对商业性金融和合作性金融产生挤出效应；农村和县域缺少立足社区、特色鲜明的中小金融机构。总体上，农村金融投入的多样性不足，农村金融服务同质化问题严重，不能有效匹配脱贫攻坚的多样化金融需求。

其次，农村金融基础设施建设和配套机制有待加强。农村金融基础设施建设仍然存在不足之处，表现在农村信用体系建设仍不完善；农业农村和县域的财产权利抵押登记、评估、流转等金融基础设施建设仍然不能满足现实需求；服务"三农"的融资担保机制及融资担保体系与银信机构的合作机制仍不完善，资本补充不畅，抵押物处置困难，没能有效发挥应有作用。[1][2]

五 "恒大模式"的可复制性有待检验

企业扶贫作为社会扶贫的重要组成部分，体现了我国"先富帮后富"的"共同富裕"发展理念和先进企业积极奉献、勇于担当的社会责任。2015年2月27日，万达集团宣布实施"万达丹寨扶贫项目"，计划投入15亿元帮扶贵州省丹寨县开展脱贫攻坚，具体包括出资3亿元捐建一所丹寨职业技术学院、出资7亿元捐建一座旅游小镇、出资5亿元成立一支丹寨扶贫专项基金。与万达相似，恒大的扶贫既不只是简单捐款，也不只是投资建厂，而是注重长期与短期结合、产业与教育结合、提高人均收入与整体脱贫发展相结合。2015年12月19日，恒大集团与大方县

---

① 董翀、冯兴元：《统筹衔接脱贫攻坚与乡村振兴战略政策资金的使用》，《中国社会科学院城乡发展一体化智库研究专报》2020年第14期。

② 杜鑫：《我国农村金融改革与创新研究》，《中国高校社会科学》2019年第5期，第85~94页。

举行"恒大集团结对帮扶大方县精准脱贫"签约仪式，投入 30 亿元帮助大方县开展脱贫攻坚。2017 年 5 月 3 日开始，除大方县外，恒大又承担了毕节市纳雍县、威宁县、赫章县、织金县、黔西县、金沙县、七星关区、金海湖新区和百里杜鹃管理区的帮扶工作，再无偿捐赠 80 亿元，共计 110 亿元扶贫资金，由整县帮扶大方扩展到帮扶毕节全市十县区。在扶贫工作中，恒大集团紧抓产业发展扶贫、易地搬迁扶贫、就业扶贫，帮助贫困地区构建完整的农业产业链条，投入巨大，措施精准。恒大集团结对帮扶大方县及毕节市精准脱贫，是迄今为止我国企业扶贫规模最大、参与度最深、体制最新、效率最高的案例，对于我国社会力量参与扶贫开发具有重要的实践指导意义和表率引领作用。按照恒大集团副总裁、驻大方县扶贫办主任姚东的话说，"恒大三年帮扶使命完成时，要给大方留下一批普惠产业，建设一批基础设施，培育一批乡土人才，扶持一批龙头企业，完善一批公共设施"。但不可否认的是，恒大集团雄厚的资本实力、人力资源以及恒大集团公司高层的家国情怀是"恒大模式"在大方县及毕节市得以成功实施的前提和基础。虽然恒大集团为我国社会力量参与扶贫开发提供了表率和示范样板，但"恒大模式"在全国其他企业、其他地区的可复制性尚未得知。

第三节 完善精准扶贫精准脱贫工作的政策建议

一 提高企业和社会力量广泛参与扶贫事业的积极性

厘清政府职能边界，清除阻碍要素下乡各种障碍，合理运用市场化手段，创新合作扶贫机制，通过政府购买服务等多种形式引导企业和社会组织等参与扶贫。以恒大集团结对帮扶大方县为榜样，鼓励国有大中型企业及民营企业参与扶贫事业，鼓励地方通过产权合作、资源共享等方式与企业建立利益链接机制，增强其参与扶贫事业的积极性，探索社会资本支持脱贫攻坚与乡村振兴的财政奖补机制，对长期投入的企业给予更多财政支持、贴息政策和配套项目投入，推广农业项目PPP模式和特许经营、参股控股等方式，引导和撬动社会资本投向农业农村。[①]

二 加强对"边缘贫困"地区及群体的帮扶力度

适度扩大扶贫政策惠及范围，加强对"边缘贫困"地区及群体的帮扶。探索设立相对贫困指标，将已脱贫但仍面临返贫风险的农户作为相对贫困户，不占用贫困户指标，但可对照扶贫政策给予帮扶。在扶贫政策操作指标和程序上预留一定调控空间，允许基层政府因地制宜地进行

---

① 崔红志：《乡村振兴与精准脱贫的进展、问题与实施路径》，《中国社会科学院城乡发展一体化智库研究专报》2018年第9期。

适当调整，让政策尽可能惠及更多的临界贫困户。针对整体性贫困地区现实问题，增加部分普惠性政策，整合财政资金，加大对地区教育、医疗基础设施的投入，使贫困户和非贫困户均能够享受同等的公共服务。

三 打造脱贫攻坚及乡村振兴人才队伍

一是建设乡村基层管理队伍。创新乡村工作队伍管理机制，让更多年轻干部到农村一线锻炼，担任乡村领导职务，加大大学生村官的招聘力度，引导鼓励大学毕业生到基层工作，通过多种方式鼓励优秀人才担任村第一书记和乡村农技员。[1]

二是建设农业生产经营队伍。培育农业创业创新的优秀骨干人才，坚持把培育壮大龙头企业、新型农业经营主体、现代青年农场主、返乡创业人员作为打造"三农"工作队伍、促进现代农业发展的重要环节。建立健全多层次、多形式的新型职业农民教育体系，改革农民培训制度，形成技术培训、学校教育等多种培训形式，健全以政府购买服务为主要形式的新型职业培训服务，大力激发更多的农民成为新型职业农民。大力挖掘和培养乡村本土人才，通过设立奖励基金、创业基金、传统文化技能工作室等方式，激活乡村人才传承和发扬传统文化的动力。要进

---

[1] 郭晓鸣、张克俊、高杰：《实施乡村振兴战略的基本逻辑、丰富内涵及推进路径》，载魏后凯、吴大华主编《精准脱贫与乡村振兴的理论和实践》，社会科学文献出版社，2019。

一步完善人才的培育政策和扶持政策，想方设法留住年轻人。①

三是建设农业科技队伍。着力打造一支新时代的懂农业、爱农村、爱农民的农业科技工作者队伍，充分发挥基层科技农业服务队伍作为农业新技术、新成果的传播者和农业生产一线指导者的作用。

四是打破城乡人才流动的束缚。建立城乡融合的劳动力就业与社会保障制度，健全激励机制，畅通城乡人才流动通道，探索多种形式的乡村引才引智方式，改变过去农村人才向城市单向流动的被动局面，促进各类人才流向和留在农村。

四　注重培育贫困地区的市场主体

引导贫困地区市场主体发育，鼓励贫困户参与扶贫项目运行，通过设立贫困户生产发展奖补基金、自主脱贫典型宣传等方式激发贫困户参与脱贫项目、自主脱贫的积极性。鼓励和支持贫困地区家庭农场、农业专业合作社等新型农业经营主体的发展，以优惠政策增强其对贫困户生产经营和农村劳动力就业的辐射带动作用，促使其成为新时代我国农业和农村经济发展的中坚力量，进而带动贫困地区和贫困群体的经济发展。

① 崔红志:《乡村振兴与精准脱贫的进展、问题与实施路径》,《中国社会科学院城乡发展一体化智库研究专报》2018 年第 10 期。

五　注重提高贫困群体自我发展能力

2012 年 12 月 29~30 日，习近平同志在河北省阜平县考察扶贫开发工作时指出，"贫困地区发展要靠内生动力，如果凭空救济出一个新村，简单改变村容村貌，内在活力不行，劳动力不能回流，没有经济上的持续来源，这个地方下一步发展还是有问题。一个地方必须有产业，有劳动力，内外结合才能发展"。[①] 加强劳动力技能培训，提高劳动者素质和人力资本水平，是增强贫困群体自我发展能力和贫困地区内生动力的一个重要途径。应当根据贫困人口现实需求，多层次、多方式提供知识技能培训。为解决参加培训人员的后顾之忧，增强培训内容的针对性，可以借鉴恒大集团在大方县开展农村劳动力就业培训的经验，实行"订单式培训"。切实推进乡村医疗体系建设，加强对村卫生室医护人员引进、服务水平提升等后续建设工作的支持，增强村级医疗服务能力。

六　注重深化经济体制改革

将深化农村经济体制改革作为贫困村持续脱贫发展的重要内容，在精准帮扶的同时大力推进体制机制创新，激活要素资源，在符合条件的贫困地区，赋予其自主探索更灵活的改革探索空间，通过改革形成贫困地区和贫困群体

---

① 习近平：《在河北省阜平县考察扶贫开发工作时的讲话》，http://www.china.com. cn/lianghui/fangtan/2016–02/26/content_37881406.htm，2016 年 2 月 26 日。

可持续发展的强大动力和坚实基础。深化农村经济体制改革，以改革促发展促脱贫，需要重点做好以下两项工作。

第一，加快推进农村土地制度改革创新。深化农地产权制度改革，积极探索承包地"三权分置"的有效实现形式，加快放活土地经营权，扩大经营权的抵押融资。统筹推进宅基地制度改革、集体经营性建设用地入市改革、征地制度改革，加快构建宅基地有偿使用制度、有偿退出制度和宅基地使用权流转市场，加大集体经营性建设用地直接入市力度和征地制度改革力度，逐步建立城乡统一的建设用地市场。① 鼓励农村集体经济组织在符合规划的前提下，直接参与土地开发，或者以联营、联建、入股等多种形式开发存量建设用地。在保证数量占补平衡、质量对等的前提下，探索支持农村分散零星的集体经营性建设用地调整后集中入市，重点用于发展乡村产业。加快推进农村宅基地制度改革，允许腾退宅基地转变为经营性建设用地，直接入市或以"地票"形式间接入市。②

第二，加快推进农村集体产权制度改革。2017年，"三变"改革作为深化农村集体产权制度改革、激活农业农村内生发展动力的重要内容，首次被写入中央一号文件。2018年的中央一号文件再次指出："推动资源变资产、资金变股金、农民变股东，探索农村集体经济新的实现形式

---

① 郭晓鸣、张克俊、高杰:《实施乡村振兴战略的基本逻辑、丰富内涵及推进路径》，载魏后凯、吴大华主编《精准脱贫与乡村振兴的理论和实践》，社会科学文献出版社，2019。

② 崔红志:《乡村振兴与精准脱贫的进展、问题与实施路径》，《中国社会科学院城乡发展一体化智库研究专报》2018年第10期。

和运行机制。"① 要按照中央的部署，加快推进"三变"改革，深化农村集体产权制度改革，使农村集体经济资源得到最大化利用，并使农民群众及贫困户获得财产性收益。

第三，加快推进农业经营体制机制创新。大力培育新型农业经营主体，引导新型经营主体通过多种方式带动小农户及贫困户发展现代农业，共同分享农业农村现代化成果，实现小农户与现代农业的有机衔接。

七　加快农村金融发展

一是引导商业性金融机构完善金融扶贫机制。引导和鼓励商业性金融机构创新金融产品和服务，增加贫困地区信贷投放。在防范风险的前提下，加快推动农村合作金融发展，增强农村信用社支农服务功能，规范发展村镇银行、小额贷款公司和贫困村资金互助组织。完善扶贫贴息贷款政策，增加财政贴息资金，扩大扶贫贴息贷款规模。进一步推广小额信用贷款，推进农村青年创业小额贷款和妇女小额担保贷款工作。完善金融服务机制不仅是金融机构的责任，需要社会各界的关心，营造良好的发展氛围，更需要国家及各级政府通过适当的补贴和税收减免等措施，给予必要的鼓励和支持，以政策引导资金流向贫困户，鼓励金融机构勇于担当，发挥各自比较优势，积极推进组织、制度、产品、技术、流程等全面创新，主动对接

① 《中共中央国务院关于实施乡村振兴战略的意见》，http://www.moa.gov.cn/ztzl/yhwj2018/zxgz/201802/t20180205_6136444.htm，2018年2月5日。

"三农"，以更大的勇气和智慧推动金融扶贫改革与创新。

二是努力改善农村金融生态环境。当前，我国农村地区金融生态环境虽然已经得到了一定改善，但依然存在农业农村经济发展滞后、金融运行环境欠佳、征信体系建设滞后、诚信环境缺乏、金融服务体系不完整等问题，制约了金融对于"三农"发展的支持和农村地区的经济发展。目前，改善农村金融生态环境，需要重点加强以下几个方面的工作。首先，大力推进农村信用体系建设。积极推进农村信用体系建设，减少信息不对称，发现和增进农业和农村生产经营主体的信用，实施与信用等级相对应的信贷额度和利率，促进小额信用贷款发展，是缓解农村地区融资难、融资贵的有效途径。各地要因地制宜，由政府部门联合农村基层组织、金融机构、信用评级机构等协同工作，多渠道采集农户、家庭农场、农民专业合作社等生产经营主体的信用信息，建立完善集信息共享、信用培植、中介服务、政策扶持、金融支持等于一体的网络服务平台，为金融机构及相关各方提供信息服务。引导金融机构将信用评价结果纳入信贷管理之中，推动地方政府加大对信用户、信用村镇的支持力度。其次，健全农业信贷担保体系。我国农业和农村经营主体普遍缺乏法律意义上规范的抵押品，农业生产经营同时面临自然、市场双重风险，由此导致信贷融资长期以来面临较为困难的局面。建立财政支持的农业信贷担保体系，既是引导金融资本投入农业，解决农业"融资难""融资贵"问题的重要手段，也是创新财政支农方式、提高财政支农资金使用效益的重要举措，对于完善我国农村金融生态环境、促进农业和农村经济社会发展具有重要意义。各地要根据中央的统一部署，加快建立涉农融资性担保机构，采取信用担保和再担保等方式，解决农业企业融资难、融资贵等问题。最后，完善农村支付体系。加速推进清算网络在农村地区的覆盖，大力普及结算账户，依托农村养老、医疗、财政补贴、公用事业等代理项目按需发卡，并大力推动"一卡多用、一卡通用"；支持金融机构和支付机构研发适合农村特点的网上支付、手机支付业务，打造一系列便民金融电商服务平台。①②

① 杜鑫:《我国农村金融改革与创新研究》,《中国高校社会科学》2019 年第 5 期, 第 85~94 页。
② 董翀、冯兴元:《统筹衔接脱贫攻坚与乡村振兴战略政策资金的使用》,《中国社会科学院城乡发展一体化智库研究专报》2020 年第 14 期。

参考文献

〔印度〕阿玛蒂亚·森：《贫困与饥荒》，商务印书馆，2001。

白描：《中国脱贫攻坚现状、问题与对策》，《中国社会科学院城乡发展一体化智库专报》2019 年第 12 期。

崔红志：《乡村振兴与精准脱贫的进展、问题与实施路径》，《中国社会科学院城乡发展一体化智库研究专报》2018 年第 10 期。

董翀、冯兴元：《统筹衔接脱贫攻坚与乡村振兴战略政策资金的使用》，《中国社会科学院城乡发展一体化智库研究专报》2020 年第 14 期。

杜鑫：《我国农村金融改革与创新研究》，《中国高校社会科学》2019 年第 5 期。

贵州省统计局、国家统计局贵州调查总队编《贵州统计年鉴（2013）》，中国统计出版社，2013。

贵州省统计局、国家统计局贵州调查总队编《贵州统计年鉴（2014）》，中国统计出版社，2014。

贵州省统计局、国家统计局贵州调查总队编《贵州统计年鉴（2015）》，中国统计出版社，2015。

贵州省统计局、国家统计局贵州调查总队编《贵州统计年鉴

（2016）》，中国统计出版社，2016。

郭晓鸣、张克俊、高杰:《实施乡村振兴战略的基本逻辑、丰富内涵及推进路径》，载魏后凯、吴大华主编《精准脱贫与乡村振兴的理论和实践》，社会科学文献出版社，2019。

国家统计局编《中国统计年鉴（2013）》，中国统计出版社，2013。

国家统计局编《中国统计年鉴（2014）》，中国统计出版社，2014。

国家统计局编《中国统计年鉴（2015）》，中国统计出版社，2015。

国家统计局编《中国统计年鉴（2016）》，中国统计出版社，2016。

李培林、魏后凯主编《中国扶贫开发报告（2016）》，社会科学文献出版社，2016。

李培林、魏后凯、吴国宝主编《中国扶贫开发报告（2017）》，社会科学文献出版社，2017。

向德平、黄承伟主编《中国反贫困发展报告（2014）——社会扶贫专题》，华中科技大学出版社，2014。

向德平、黄承伟主编《中国反贫困发展报告（2015）——市场主体参与扶贫专题》，华中科技大学出版社，2015。

张云华、伍振军、周群力、殷浩栋:《统筹衔接脱贫攻坚与乡村振兴的调查与启示》，《开放导报》2019 年 8 月。

Begum A. A, and M. J. Abdin. "Employment Generation and Poverty Alleviation through SME Cluster Development in Bangladesh", *Turkish Economic Review*, 2015, 2 (1): 26-31.

后 记

　　为更好地发挥中国社会科学院作为党和国家思想库、智囊团的重要作用，加强对重大问题开展国情调研，2016年中国社会科学院组织实施了精准扶贫精准脱贫百村调研（简称"扶贫百村调研"）国情调研特大项目。开展百村调研的目的是及时了解和展示我国当前处于脱贫攻坚战最前沿的贫困村的贫困状况、脱贫动态和社会经济发展趋势，从村庄脱贫实践中总结我国当前精准扶贫和精准脱贫的经验教训，为进一步推进精准脱贫事业提供经验和政策借鉴。

　　中国社会科学院国情调研重大项目"精准扶贫精准脱贫百村调研——贵州省大方县凤山乡店子村"子课题组（以下简称"课题组"）于2017年3月25日至4月4日在贵州省大方县及凤山乡店子村开展了扶贫工作调研。此次调研的主要内容包括贵州省大方县的精准扶贫精准脱贫工作状况与凤山乡店子村村庄基本状况、贫困状况及其演变、贫困的成因、减贫历程和成效、脱贫和发展思路及建议等。参加此次调研的包括中国社会科学院语言研究所李蓝研究员，中国社会科学院农村发展研究所杜鑫副研究员，中国社会科学院农村发展研究所王昌海副研究员，林业经济编辑部赵萱主任，西南林业大学硕士研究生陈甲、刘志、徐艺宁，贵州工程应用技术学院徐芳芳、罗兰、刘远、陈红、王杰等同学。在调研工作结束后，课题组开展了调研工作资料整理和问卷调查数据清理工作，最后由杜鑫完成了本调研报告的撰写工作。

在本次调研工作中，贵州省大方县县委县政府、县扶贫办、凤山乡党委政府、店子村村委会给予了大力支持和热情帮助，课题组对此表示真诚的感谢！同时，课题组对于中国社会科学院科研局与扶贫百村调研协调办公室在课题调研及调研报告写作中所给予的指导和帮助表示由衷的谢意！向奋斗在店子村脱贫攻坚第一线的广大干部群众致以崇高的敬意！

课题组

2020 年 8 月

图书在版编目（CIP）数据

精准扶贫精准脱贫百村调研. 店子村卷：乌蒙山区
贫困村的企业扶贫案例 / 杜鑫, 李蓝, 王昌海著. -- 北
京：社会科学文献出版社, 2020.10
ISBN 978-7-5201-7515-9

Ⅰ.①精…　Ⅱ.①杜…②李…③王…　Ⅲ.①农村 -
扶贫 - 调查报告 - 大方县　Ⅳ.①F323.8

中国版本图书馆CIP数据核字（2020）第207438号

·精准扶贫精准脱贫百村调研丛书·

精准扶贫精准脱贫百村调研·店子村卷
——乌蒙山区贫困村的企业扶贫案例

著　　者 / 杜　鑫　李　蓝　王昌海

出 版 人 / 谢寿光
组稿编辑 / 邓泳红
责任编辑 / 陈　颖

出　　版 / 社会科学文献出版社·皮书出版分社（010）59367127
　　　　　 地址：北京市北三环中路甲29号院华龙大厦　邮编：100029
　　　　　 网址：www.ssap.com.cn
发　　行 / 市场营销中心（010）59367081　59367083
印　　装 / 三河市尚艺印装有限公司

规　　格 / 开　本：787mm×1092mm　1/16
　　　　　 印　张：8.75　字　数：86千字
版　　次 / 2020年10月第1版　2020年10月第1次印刷
书　　号 / ISBN 978-7-5201-7515-9
定　　价 / 59.00元